# Linie und Skulptur im Dialog
# Rodin, Giacometti, Modigliani...

## Line and Sculpture in Dialogue
## Rodin, Giacometti, Modigliani...

# LINE AND SCULPTURE IN DIALOGUE
## Rodin, Giacometti, Modigliani...

**Works from the Collection**
**Kasser/Mochary Family**
**Foundation, USA**

Edited by
Beate Kemfert with Angela Gratzl

# LINIE UND SKULPTUR IM DIALOG
## Rodin, Giacometti, Modigliani...

Werke aus der Sammlung
Kasser/Mochary Family
Foundation, USA

Herausgegeben von
Beate Kemfert mit Angela Gratzl

HIRMER VERLAG

# Inhalt/Contents

# Dank

Unser Dank geht in erster Linie an die Kasser/Mochary Family Foundation und ihre Inhaber Mary Mochary und Michael Kasser, die ihre Sammlung großzügig zur Verfügung gestellt haben und von Anfang an tiefes Vertrauen in das Ausstellungsprojekt hatten. Sie und ihre Kinder, Alexandra Bergstein und Matthew Mochary, willigten ein, viele Werke zum ersten Mal öffentlich auszustellen, die zum Teil aus dem persönlichen Umfeld der Familie stammen. Für den Kontakt zur Sammlung sei an dieser Stelle Hanna Aranyi herzlich gedankt, die den Start zur Ausstellung überhaupt erst ermöglichte. In der Zeit der Vorbereitung blieb sie eine motivierende Gesprächspartnerin.

Auch sind wir sowohl dem Philbrook Museum of Art, Christine Kallenberger, als auch dem Museum der Moderne Salzburg, Mönchsberg, Toni Stooss, nachhaltig dankbar, dass sie auf drei Dauerleihgaben der Kasser/Mochary Family Foundation für die Dauer unserer Ausstellung verzichten. Für ihre wertvolle Mithilfe in der Vorbereitungsphase danken wir den Restauratoren Konrad Laudenbacher, Manuel Moses und Hannah Singer sowie der Bilderrahmenmanufaktur Werner Murrer.

Sodann danken wir für gute Zusammenarbeit und profunde Unterstützung den beteiligten Partnern Städtische Museen Freiburg / Museum für Neue Kunst, Tilmann von Stockhausen und Isabel Herda, und Städtische Museen Jena / Kunstsammlung, Erik Stephan. Unser Dank richtet sich auch an diejenigen, die tatkräftig und ideenreich dem Katalogbuch zur Realisation verhalfen, besonders an die Gestalterin Katja Durchholz, die Lektorinnen Jutta Allekotte und Katrin Boskamp-Priever sowie die Übersetzerin Josephine Cordero Sapien. Ferner danken wir Kristine Dehn für ihre akkurate Erstellung der Kurzbiografien. Ebenso möchten wir Diana Wiehn und Jutta Stocksiefen für ihre Mithilfe bei der Zitatrecherche und Ieva Birze für ihre Unterstützung bei der Werkrecherche unseren Dank aussprechen. Den drei Museumsteams und allen, die mit großem Engagement an der Realisierung unseres Projektes mitgewirkt haben, sei herzlich gedankt.

Gleichermaßen danken wir den Sponsoren für ihre großzügige Unterstützung. Es bedarf immer engagierter Unterstützer, aufwendige Projekte zu realisieren. Dazu haben in hohem Maße die Förderer aller Stationen beigetragen.

Die Stiftung Opelvillen ist der Hessischen Kulturstiftung, Geschäftsführerin Eva Claudia Scholtz, der Sparkassen Kulturstiftung Hessen-Thüringen, Geschäftsführer Thomas Wurzel und der Sparkassen-Stiftung Groß-Gerau, Vorstandsvorsitzenden Bernd Fickler, zu außerordentlichem Dank verpflichtet. Ferner gilt unser Dank der Cerberus Deutschland Beteiligungsberatung GmbH, Frankfurt am Main, Geschäftsführer David Knower, der SICC GmbH – Thermoshield, Berlin, Geschäftsführer Waldemar Walczok, dem Gesundheits- und Pflegezentrum Rüsselsheim, Geschäftsführer Friedel Roosen sowie Edward M. Alford, Generalkonsul der Vereinigten Staaten von Amerika, für die Übernahme der Schirmherrschaft. Grundsätzlich danken wir der Stadt Rüsselsheim, stellvertretend dem Oberbürgermeister Stefan Gieltowski und dem Bürgermeister und Kulturdezernenten Jo Dreiseitel, der Adam Opel AG, ihrem Vorstandsvorsitzenden Karl-Friedrich Stracke und ihrem Vorsitzenden des Aufsichtsrates Nick Reilly, dem Freundeskreis und den Wegbegleitern der Stiftung Opelvillen, durch die unsere Arbeit erst ermöglicht wird. Für ihr hohes Engagement in allen Entwicklungsphasen dankt die Stiftung Opelvillen ihrem Team und Helfern, besonders Lena Albrandt, Doris Bender, Ieva Birze, Kristine Dehn, Stefanie Gundermann, Andreas Gundermann, Andreas Heinl, Monika Heinl, Antje Kroll, Frank Möllenberg, Wolfgang Ringeisen, Jutta Stocksiefen und den MOPs mit Julia Einsiedel, Andrea Specht und Anette Stock.

*Angela Gratzl*
Stellvertretende Direktorin
Kasser/Mochary Family Foundation

*Beate Kemfert*
Geschäftsführender Vorstand und Kuratorin
Stiftung Opelvillen

# Acknowledgements

We are grateful first and foremost to the Kasser/Mochary Family Foundation and its trustees Mary Mochary and Michael Kasser, who have not only generously put their collection at our disposal, but have demonstrated their profound confidence in the exhibition project from the outset. They and their children, Alexandra Bergstein and Matthew Mochary, gave their consent for many works, some of which are personal to be put on public display for the first time. We should like to thank at this point Hanna Aranyi, who established the contact to the collection, without whom the exhibition would not have been possible in the first place. She remained a motivating force during the preparation stage.

We are also lastingly grateful to Christine Kallenberger of the Philbrook Museum of Art, and to Toni Stooss of the Museum der Moderne Salzburg, Mönchsberg, for allowing us to borrow, for the duration of the exhibition, three works on long-term loan to them from the Kasser/Mochary Family Foundation. For their valuable assistance in the preparation stage, we should like to thank the conservators Konrad Laudenbacher, Manuel Moses and Hannah Singer, as well as the picture-frame manufacturers, Werner Murrer Rahmen.

We wish to thank Tilmann von Stockhausen of the Städtische Museen Freiburg and Isabel Herda of the Museum für Neue Kunst in Freiburg for the good co-operation and their strong support, as well as Erik Stephan of the Städtische Museen Jena / Kunstsammlung. We should also like to express our thanks to those whose energy and ideas went into the production of the catalogue, in particular the designer Katja Durchholz, the editors Jutta Allekotte and Katrin Boskamp-Priever, and the translator Josephine Cordero Sapien. We are also grateful to Kristine Dehn for writing the concise biographies, along with Diana Wiehn and Jutta Stocksiefen for their help in researching the quotations, and Ieva Birze for her help in researching the works. Our cordial thanks also go to the three museum teams and all who have, with great commitment, contributed to the realization of this project.

Equally, we should like to thank our sponsors for their generous support. Committed backers are always needed if elaborate projects are to be implemented. Ours have contributed in great measure to every stage of the undertaking.

The Stiftung Opelvillen owes an extraordinary debt of gratitude to the Hessische Kulturstiftung, and its managing director Eva Claudia Scholtz, to the Sparkassen Kulturstiftung Hessen-Thüringen, and its managing director Thomas Wurzel, and the Sparkassen-Stiftung Gross-Gerau, and its board chairman Bernd Fickler. We are also grateful to Cerberus Deutschland Beteiligungsberatung GmbH, Frankfurt am Main, with its managing director David Knower, SICC GmbH – Thermoshield, Berlin, with its managing director Waldemar Walczok, and the Gesundheits- und Pflegezentrum Rüsselsheim, and its managing director Friedel Roosen, and not least Edward M. Alford, Consul-General of the United States of America, who has agreed to act as patron. We must thank the town of Rüsselsheim as a whole, represented by mayor Stefan Gieltowski and deputy mayor and cultural officer Jo Dreiseitel, Adam Opel AG, its board chairman Karl-Friedrich Stracke and supervisory board chairman Nick Reilly, and the Circle of Friends and supporters of the Stiftung Opelvillen, without whom our work would not be possible at all. For their commitment at all stages of preparation, the Stiftung Opelvillen would like to thanks its team and helpers, especially Lena Albrandt, Doris Bender, Ieva Birze, Kristine Dehn, Stefanie Gundermann, Andreas Gundermann, Andreas Heinl, Monika Heinl, Antje Kroll, Frank Möllenberg, Wolfgang Ringeisen, Jutta Stocksiefen and the MOPs with Julia Einsiedel, Andrea Specht and Anette Stock.

*Angela Gratzl*
Deputy Director
Kasser/Mochary Family Foundation

*Beate Kemfert*
Management Board Member
and Curator
Opelvillen Foundation

# Linie und Skulptur im Dialog: Rodin, Giacometti, Modigliani…
# Werke aus der Sammlung Kasser/Mochary Family Foundation, USA

**Beate Kemfert**

Das Polieren und Überpolieren von Haarlocken oder Fußnägeln empfahl der Bildhauer Auguste Rodin dann zu vernachlässigen, wenn virtuose Details die Konzentration auf das Wesentliche plastischer Formen abzulenken begannen.[1] Das Strecken eines Beines im Raum beispielsweise kristallisierte er zu einer Diagonalen, genauso wie er im Anschmiegen zweier Körper verschiedene Linienrichtungen betonte. Skulptur – Fragment, Einzelfigur oder Paar – bedeutete für ihn immer auch ein Ausdruck linearer Schönheit. Der Schriftsteller Rainer Maria Rilke, der Rodin 1902 erstmals in Paris besuchte und seine 1903 in Deutschland erschienene Abhandlung über den Bildhauer bereits abschloss, war sich der wegweisenden Modernität von Rodins Werk schon früh bewusst. Es war auch Rilke, der als Erster Rodins plastische Formen als Linienphänomene beschrieb. In der Haltung der weiblichen Figur des Paares *L'éternelle idole (Das ewige Idol;* Abb. 12), 1893, benannte er drei Linien.[2] Die eindeutige Benennung einer Zahl macht deutlich, wie sein Auge die Umrisse der Skulptur umkreist hat und schließlich in der Anordnung der Gliedmaßen und des weiblichen Körpers verharrte, um hier markante Linienausprägungen auszumachen. Neben Konturen tastete Rilkes Auge auch die Oberflächenmerkmale von Rodins Skulpturen eindrücklich ab: »Es giebt an diesem Kopf keine Linie, keine Überschneidung, keinen Kontur, den Rodin nicht gesehen und gewollt hat. Man glaubt zu fühlen, wie einige von diesen Furchen früher kamen, andere später, wie zwischen dem und jenem Riß, der durch die Züge geht, Jahre hegen, bange Jahre, man weiß, dass von den Zeichen dieses Gesichtes einige langsam eingeschrieben wurden, gleichsam zögernd, dass andere erst leise vorgezeichnet waren und von einer Gewohnheit oder einem Gedanken, der immer wiederkam, nachgezogen wurden, und man erkennt jene scharfen Scharten, die in einer Nacht entstanden sein mussten, wie vom Schnabel eines Vogels hineingehackt in die überwache Stirn eines Schlaflosen.«[3] Rilkes Worte machen anschaulich, wie Rodin den anschließenden Flächenkontur vom *L´homme au nez cassé (Mann mit der gebrochenen Nase;* Abb. S. 11), 1864, auflöste und eine zerpflügte plastische Außenhaut schuf, die Vertiefungen und Erhöhungen aufweist, die vielfältigster Natur sind und nicht aus der zu modellierenden Gestalt resultieren. Das Sehen einer Skulptur, das Abtasten der Oberflächen mit den Augen, das visuelle Erfassen der räumlichen Ausdehnungen war nicht immer selbstverständlich gewesen. Der Kulturphilosoph Johann Gottfried Herder hatte das Auge noch als unzureichend für das Erfassen einer dreidimensionalen Skulptur eingestuft.[4] Er verwies auf den Tastsinn, der seiner Meinung nach eher zur Wahrnehmung der spezifischen Merkmale eines bildhauerischen Werkes geeignet ist. Doch mit Beginn der modernen Kunst sollte Ende des 19. Jahrhunderts das Sehen betont werden. Dieses wurde nicht länger nur als einer der fünf Sinne gesehen, sondern neu definiert. Genauso wie sich das Verständnis von Kunst und ihrer bildnerischen Mittel veränderte.

Rodin wurde immer wieder als Begründer der modernen Skulptur verstanden, ausgehend von dem Verzicht auf kompositorische Elemente wie dem klassischen Kontrapost und dem Erforschen neuer Möglichkeiten des plastischen Mediums. Auf Symmetrien verzichtete Rodin sogar ganz. *Figure volante (Fliegende Figur;* Abb. 1), 1890/91,zeigt eine weibliche Figur fragmentiert mit einem ausgestreckten Bein und einem darauf ruhenden Arm. In einem neuen Verständnis von Räumlichkeit ist der Körper in einer Bewegung auseinandergerissen und auf eine Diagonale von halbseitigen Gliedmaßen ohne Kopf reduziert. Es wird dabei deutlich, dass Rodins Interesse auch der prozessualen Entstehung von Formen galt. »In dem Verlauf der Linien war Bewegung, Bewegung war in der Neigung der Flächen …«, so Rilke.[5] Für Rodin scheint nicht ein Augenblick, sondern die Abfolge verschiedener Augenblicke wichtig gewesen zu sein. Verschlungene Geflechte von weichen körpermodellierenden Linien, raumgreifende Bewegungen stellten für ihn immer wieder neue plastische Herausforderungen dar. Dafür fragmentierte er Körper in seinen Einzelfiguren oder ordnete sie zu Paar- oder mehrfigurigen Konstellationen in unorthodoxer Weise an. Das zu Rodins Lebzeiten nicht ausgestellte, sich umschlingende Frauenpaar *Femmes damnées (Verdammte Frauen;* Abb. 10), 1885 bis 1890 (erst nach 1973 in Bronze gegossen), zeigt auf radikale Weise seine Erkundung bildnerischer Mittel. Einzelne Gliedmaßen erscheinen wie Linien expandierender Bewegungen im Raum.

# Line and Sculpture in Dialogue: Rodin, Giacometti, Modigliani... Works from the Collection Kasser/Mochary Family Foundation, USA

Beate Kemfert

The sculptor Auguste Rodin recommended that the polishing and over-polishing of locks of hair and toenails should be neglected if virtuoso details were to start to distract from the essence of sculpted forms.[1] He crystallized a leg extended in space into a diagonal, just as he emphasized lines going in different directions when two bodies held close to each other. Sculptures, be they fragments, individual figures or couples, were for him also always an expression of linear beauty. The writer Rainer Maria Rilke, who visited Rodin for the first time in Paris in 1902 and who completed his essay on the sculptor in Germany as early as 1903, was aware of the pioneering modernity of Rodin's works from very early on. It was also Rilke who first described Rodin's sculpted shapes as linear phenomena. He identified three lines in the posture of the female figure in the couple *L'éternelle idole (The Eternal Idol;* fig. 12), 1893.[2] The clear naming of a number illustrates how his gaze circled the sculpture's outlines, before finally resting on the arrangement of the limbs and the female body in order to make out striking linear shapes. In addition to contours, Rilke's eyes also surveyed the surface characteristics of Rodin's sculptures in detail: "This head has no line, no overlap, no contour that Rodin did not see and want. You feel you can discern which of these furrows came first, which came later, how between this line and that, which go through the features, there were years of worry, you can see that some of the marks on this face were written slowly, hesitantly, while some were quietly sketched first and retraced by a habit or a thought that kept recurring, and you can recognize those lines that must have come about in one night, hacked, as if by a bird's beak, into the overly wakeful forehead of someone who cannot sleep."[3] Rilke's words illustrate how Rodin dissolved the subsequent surface contour of *L'homme au nez cassé (Man with the Broken Nose;* fig. page 11), 1864 and created a furrowed, three-dimensional skin that evinces highly varied depressions and elevations which do not result from the figure to be sculpted. Viewing a sculpture, feeling the surfaces with the eyes, the visual understanding of the spatial extensions was not something that could always be taken for granted. The cultural philosopher Gottfried Herder had still classed the eyes as insufficient for capturing a three-dimensional sculpture.[4] He referred to the sense of touch, which was, in his opinion, better suited to perceiving the specific characteristics of a sculpted work. However, with the commencement of modern art, at the end of the 19th century, it was seeing that came to be emphasized. Sight was no longer considered to be just one of the five senses, it was re-defined. Just as the understanding of art and its visual means also changed.

Time and again Rodin was seen as the founder of modern sculpture, a view based on his renunciation of compositional elements such as the classical contrapposto and the exploration of new possibilities contained in the sculptural medium. Rodin even did without symmetry entirely. *Figure volante (Flying Figure;* fig. 1), 1890/91 depicts a fragment of female body, with one of her legs extended in space, an arm resting on it. In a new understanding of spatiality, the body is torn apart in a movement and reduced to a diagonal of the limbs of one side of the body only, and no head. It becomes clear that Rodin's interest also focused on the process that went into creating forms. "The course of the lines displayed movement, movement was in the inclination of the surfaces... ", thus Rilke.[5] It would seem that for Rodin it was not a moment that was important, but the sequence of different moments. Intertwined patterns of lines expressing soft physical features, movements that went out into space, kept presenting him with new sculptural challenges. To achieve his aim, he fragmented bodies in his individual sculptures or arranged them in pairs or group configurations in an unorthodox manner. The sculpture of two women embracing (not exhibited during Rodin's lifetime), *Femmes damnées (Damned Women,* fig. 10), 1885 to 1890 (only cast in bronze after 1973), depicts his exploration of visual means in a radical manner. Individual limbs appear like lines of expanding movements in space.

## The collection of the Kasser/Mochary Family Foundation

Rodin's sculptures do not just hold a key position in modern sculpture, but also in the Kasser/Mochary Family Foundation collection.

## Die Sammlung der Kasser/Mochary Family Foundation

Rodins Skulpturen nehmen nicht nur in der Bildhauerei der Moderne, sondern auch in der Sammlung der Kasser/Mochary Family Foundation eine Schlüsselstellung ein. Die Entdeckung von Rodin und besonders *L'éternelle idol (Das ewige Idol)* von 1893 geht auf die späten 1920er-Jahre zurück und sollte zur Ausrichtung der Sammlung auf besondere Weise beitragen, die heute insgesamt elf Plastiken des französischen Bildhauers zählt. Der junge Alexander Kasser hinterlegte im Musée Rodin den für sein Alter forschen Wunsch, einmal *L'éternelle idol (Das ewige Idol;* Abb. 12) kaufen zu dürfen, nachdem er das Pariser Museum besucht hatte und voller Begeisterung für das bildhauerische Werk Rodins war. Es sollte allerdings Jahrzehnte dauern, bis er das bedeutsame Werk sein Eigen nennen durfte. Weitere Abgüsse dieser Plastik waren ausschließlich Museen vorbehalten. Doch Alexander Kasser wartete und schließlich hatte seine Hartnäckigkeit Erfolg. 1971 wurde die Bronze Teil seiner Sammlung, und darüber hinaus wurde die Bildhauerkunst zu einer Art Leitfaden des Sammlungsaufbaus. Es sind vor allem Anekdoten, die einem auf der Suche nach einem Charakteristikum der Kasser/Mochary Sammlung begegnen. Anekdoten, die heiter stimmen, Anekdoten, die Leidenschaft und Lebensfreude verbinden. »Ich glaube, das ist die geradeste Linie, die ich je gesehen habe«, wird von Henry Moore überliefert.[6] Wie vielleicht schon zu erahnen, galt der Kommentar des renommierten Bildhauers nicht einem künstlerischen Werk, sondern einer fröhlichen Begebenheit zwischen ihm und den Sammlungsgründern. Moores Lob ging an Mary V. Mochary, die den Haarschopf seiner Tochter frisch geschnitten hatte. Mary, die Tochter des Sammlerpaares Elisabeth und Alexander Kasser, hatte akkurat ihre Schere angesetzt, verwundert war sie jedoch über die unerhoffte Anerkennung des Bildhauers. Moores euphorische Resonanz ist nur eine der vielen Erzählungen, die von den teilweise engen Beziehungen und immer heiteren Begegnungen zwischen den Sammlern und Künstlern erzählen. Besuche, Feste und Freundschaften waren an der Tagesordnung. Elisabeth und Alexander Kasser, deren Sammeltätigkeit durch ihre Emigration 1945 unterbrochen wurde, bauten ihre Sammlung ab den 1960er-Jahren nicht nur beflissentlich auf, sondern pflegten auch engen Kontakt zu den ihnen wichtigen Kunstschaffenden. Ihre Kinder Mary und Michael wurden ebenso integriert wie die Familien der Künstler. Orte der Begegnung waren die Wohnsitze der Kassers in Wien, Paris oder Montclair in der Nähe von New York. Oder man reiste zu den Künstlern. So wurden Henry Moore und Marino Marini in ihren italienischen Sommerdomizilen in Forte dei Marmi oder Jacques Lipchitz im nahen Pietrasanta besucht. Ihr Wunsch nach Austausch, nach Anregung und Dialog ist dabei evident gewesen: »Meine Eltern sammelten, um sich mit einigen der kreativsten Seelen auf diesem Planeten zu umgeben und sich ihnen näher zu fühlen. Alex hegte grenzenlose Bewunderung für kreatives Denken, und Elisabeths wahlverwandter Schönheitssinn war nicht zu übersehen.«[7]

Die Freude an der Globetrotterei, der Wunsch nach geselligem Beisammensein und die Leidenschaft für Kunst charakterisieren Elisabeth und Alexander Kasser früh. Die Jahre des Zweiten Weltkriegs waren es aber, die sie folgenschwer mit Verfolgung und Vernichtung konfrontierten. Die Kassers erlebten das Wüten des Nationalsozialismus in Budapest, wo sie auch Zeugen der von den Deutschen organisierten und durch ungarische Kräfte ausgeführten Deportationen, vor allem der Juden, wurden. Die Geschehnisse ließen sie zu unentbehrlichen Helfern im Kampf gegen den Holocaust in Ungarn werden, wofür Alexander Kasser 1997 der Titel »Gerechter unter den Völkern« des Staates Israel verliehen wurde. Der schottische Künstler John Bellany widmete ihm 1998 das Blatt *Odyssey (Odyssee)*, in dem er nicht nur Reise und Heimkehr thematisiert, sondern auch an den Holocaust und die traumatischen Erfahrungen im Bild und Text erinnert (Abb. S. 23).

Geboren wurde Alexander Kasser 1909 in Budapest. Das älteste von sechs Kindern sollte schon früh Auslandserfahrungen sammeln und absolvierte sein Studium der Chemotechnik in Frankreich. Zunächst studierte er an der Sorbonne in Paris, später an der Universität von Grenoble, wo er diplomierte. Während seiner Pariser Zeit verdiente er seinen Lebensunterhalt als Fußballspieler im Socio Club Frankreich. Nach seiner Rückkehr nach Ungarn begann Kasser für die Papierindustrie tätig zu werden. Zahlreiche Patentanmeldungen ließen ihn zum führenden Papierexperten werden. Seine jüngere, 1920 geborene Ehefrau Elisabeth, gebürtige Aranyi, lernte Kasser in Budapest kennen, wo sie heirateten und ihre Kinder Michael und Mary zur Welt kamen. Zum Ende des Zweiten Weltkriegs organisierte und leitete Alexander Kasser mit dem seit 1932 in Budapest lebenden und sowohl für die Universität als auch die schwedische Botschaft tätigen Valdemar Langlet das schwedische Rote Kreuz in Ungarn. Der Einsatz Langlets und des schwe-

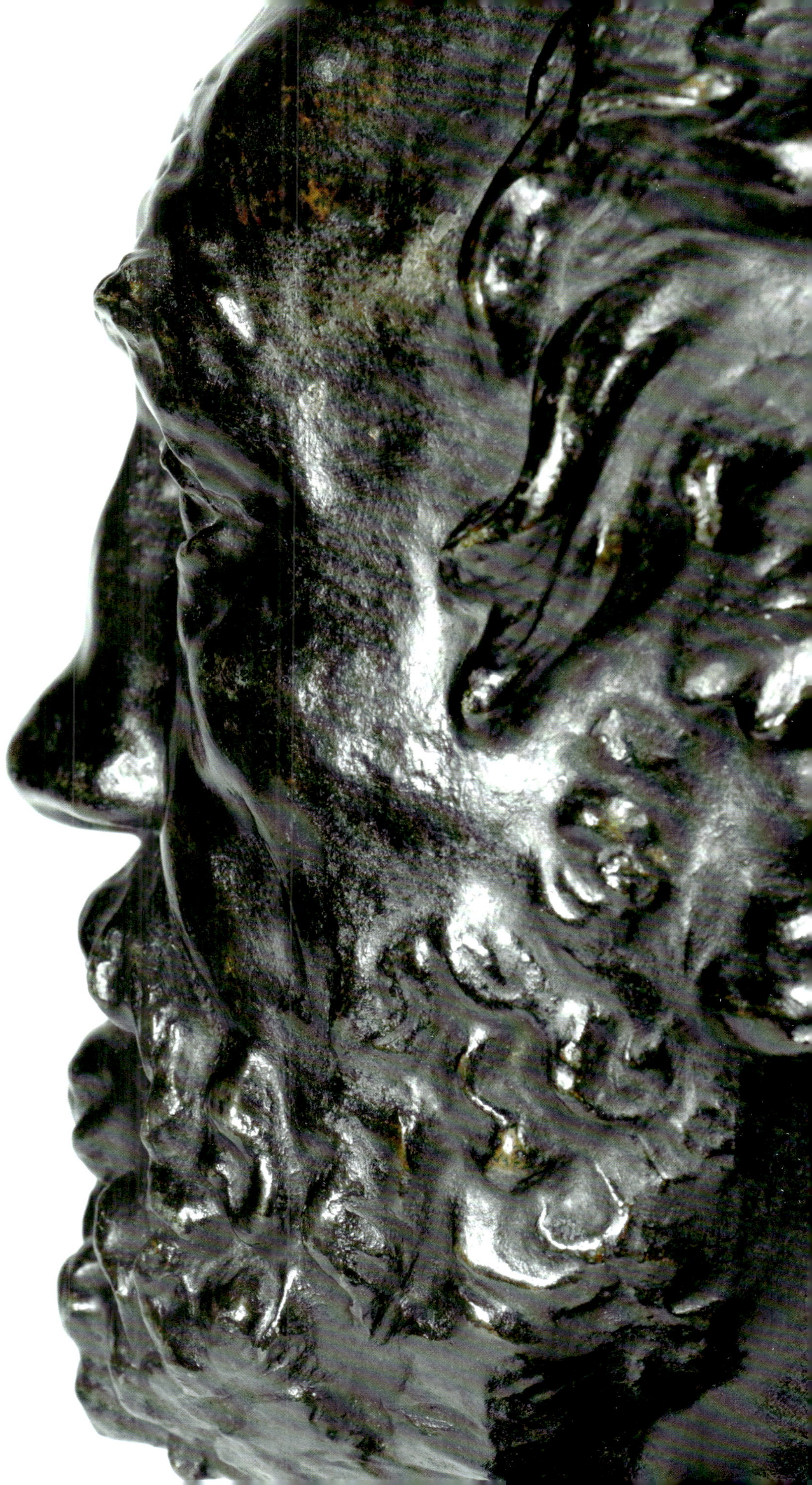

Auguste Rodin, L'homme au nez cassé, 1864

dischen Diplomaten Raoul Wallenberg, für den Elisabeth Kasser als Dolmetscherin arbeitete, galt vor allem der Rettung der ungarischen Juden vor dem Holocaust. Der im Juli 1944 als erster Sekretär der schwedischen Gesandtschaft zurückgekehrte Wallenberg konnte noch Hunderten von Verfolgten das Leben retten. Nach der Eroberung Budapests durch die Rote Armee wurde der Schwede jedoch in die Sowjetunion verschleppt, wo er wenige Jahre später in Gefangenschaft starb.

Elisabeth und Alexander Kasser, die Wallenberg wesentlich bei seiner Mission unterstützt hatten, verließen Ungarn mit ihren Kindern nach Ende des Zweiten Weltkrieges und gingen 1945 zunächst nach Mexiko. Hier erlangte Alexander Kasser eine Professur für Zellulosechemie am Polytechnischen Institut. 1951 emigrierte die Familie Kasser dann in die USA, wo Kasser erfolgreich in der Papierindustrie tätig wurde. In den USA wurde es den Kassers dann wieder möglich, ihre Sammeltätigkeit aufzunehmen und sich der Musik und bildenden Kunst neu zu widmen. Elisabeth Kasser hatte Kunstgeschichte in Budapest studiert und Alexander Kasser folgte seiner frühen Leidenschaft. Ankaufsentscheidungen trafen sie stets gemeinsam. In den 1970er-Jahren reisten sie immer wieder nach Europa, nicht zuletzt um Kunstwerke europäischen Ursprungs zusammenzutragen.

Den zeitlichen Schwerpunkt ihrer Sammlung legten Elisabeth und Alexander Kasser auf die Spanne vom Ende des 19. Jahrhunderts bis zum Anfang des 20. Jahrhunderts. Sie sammelten enthusiastisch und kompetent, so ist auffällig, dass kaum ein Klassiker der Moderne fehlt. Was zunächst nach einer repräsentativen Auswahl aller wichtigen Namen aussieht, erscheint auf den zweiten Blick allerdings als Ergänzung zur herkömmlichen Geschichtsschreibung der Moderne, die auf Begriffe wie Provokation, Kritik und Hässlichkeit festgelegt zu sein scheint. Die Zeichnung *Vénus accroupie* (*Kauernde Venus;* Abb. 7) von Paul Cézanne aus den Jahren 1885 bis 1888 beispielsweise liefert weniger Zeugnis seines für die Moderne wichtig werdenden vereinfachten Formenkanons, sondern führt eher ein zeichnerisches Ringen des Künstlers zwischen Tradition und Widerstand vor Augen. Cézanne, der zu diesem Zeitpunkt bestrebt war, Landschaften nach Formen von Kugeln oder Zylindern zu untersuchen, wich von seiner Konzeption ab, als es um Studien von epochalen bildhauerischen Werken ging. Seine Venusdarstellung entstand nach der gleichnamigen Skulptur von Charles Antoine Coysevox (1640–1720) aus den Jahren 1685 bis 1686. Der Kunsthistoriker Julius Meier-Graefe, der Cézanne schätzte, persönlich kannte und 1910 die erste Biografie des Künstlers schrieb, berichtete darin von seiner Qual: »Bauen mit der Natur, das heißt Wind bauen, mit Sonnenstrahlen, mit dem Echo der Täler. Das heißt Verzicht auf alles Barock der Jugend, dem er zuweilen in Zeichnungen nach Gestalten Michelangelos nachhing. Wenn er sich tagsüber mit dem Motiv draußen gequält hatte, ohne weiterzukommen, nahm er abends verstohlen die Fotografien vor, gerade solche Werke von ihm ganz entgegengesetzter Art, Werke der Robusten, die nicht zweifelten, diesen Puget, der ein Monstrum der Bejahung war, und fuhr ihnen mit dem Bleistift nach. Danach kam er sich wie ein Dieb vor. Nach der Natur hieß Ausschluß aller nicht sichtbaren Dinge. Er mauerte sich sein Motiv. Die Gedanken rasten.«[8]

Ein genaues Hinsehen macht sein Hadern oder anders gesagt sein Experimentieren deutlich. Cézanne zog den Umriss der weiblichen Gestalt nicht mit einer Linie einfach nach, sondern setzte mehrere nebeneinander und übereinander zu Konturen zusammen. Er probte zeichnerisch geradezu, inwieweit Linien Flächen gliedern, Bereiche trennen und Grenzen ziehen können. Seine Linien scheinen zu schwingen, ja zu schweben und bilden keine starren Umrisse, sondern umschreiben eher etwas und laden vor allem zum Sehen ein. Elisabeth und Alexander Kasser haben differenziert gesehen und sich für dieses Blatt entschieden. Ihrer Urteilskraft, ob intuitiv oder geschult, ist es zu verdanken, Werke vereint zu haben, die sowohl visuelles Wohlgefallen auslösen als auch zum Sehen anregen. Die Sammlung der Kassers, die 1969 in die Kasser Art Foundation mündete, 2011 in Kasser/Mochary Family Foundation umbenannt, erzählt in ihrer persönlichen Prägung von der individuellen Freiheit des Sammlers und gleichzeitig von der Aufgabe des Betrachters. Die Geschichte der modernen Kunst kann auch als Geschichte des modernen Sehens beschrieben werden, da die Erkundung der bildnerischen Mittel ein anderes Verständnis des Sehens eröffnete. Das aktive Wahrnehmen des Betrachters wird als wichtiges Phänomen zum Verständnis der Kunst des 20. Jahrhunderts verstanden. Bei der Überlegung, wie die Sammlung der Kasser/Mochary Family Foundation selektiv und doch signifikant vorgestellt werden kann, standen wie bei jedem Ausstellungsvorhaben Fragen der Kunstentwicklung im Vordergrund.

The discovery of Rodin, and of *L'éternelle idol (The Eternal Idol)*, 1893 in particular, goes back to the late 1920s and was to contribute in a special way to the orientation of the collection, which now contains eleven works by the French sculptor. After he had visited the Musée Rodin in Paris and became extremely excited about Rodin's sculptures, the young Alexander Kasser expressed what was, for his age, a bold desire, namely that he would one day be allowed to purchase *L'éternelle idol (The Eternal Idol)* 1893 (fig. 12). It would be decades, however, before he could call this important work his own. Further casts of this statue were reserved for museums. But Alexander Kasser waited and finally his stubbornness bore fruit. In 1971 the bronze became part of his collection and in addition sculpture became a continuous theme of the growing collection. When searching for a characteristic feature of the Kasser/Mochary collection, it is primarily anecdotes that are encountered. Anecdotes of a jolly nature and anecdotes that combine passion and a joie de vivre. "I think that's the straightest line I've ever seen," Henry Moore is said to have exclaimed.[6] As one may surmise, the renowned sculptor's comment related not to some artistic work, but to a cheerful incident between him and the collection's founders. Moore's praise was aimed at Mary V. Mochary, who had just cut her daughter's hair. Mary, the daughter of the collectors Elisabeth and Alexander Kasser, had used the scissors accurately, but she was surprised by the sculptor's unexpected acknowledgement. Moore's euphoric feedback is just one of the many stories to provide an insight into the close and always entertaining encounters between the collectors and artists. Visits, parties and friendships were the order of the day. Elisabeth and Alexander Kasser, whose collecting activities were interrupted in 1945 when they emigrated, not only deliberately built up their collection in the 1960s, but nurtured their close contact to the artists they considered important. Their children, Mary and Michael, were integrated just as the artists' families were. Their meeting places included the residences of the Kasser family in Vienna, Paris and Montclair near New York. Alternatively they travelled to the artists. Thus, Henry Moore and Marino Marini were visited in their Italian summer residences in Forte dei Marmi, and Jacques Lipchitz in nearby Pietrasanta. Their desire for exchange, stimulation and dialogue was always evident: "My parents collected in order to surround themselves with some of the most creative minds on the planet and to feel closer to them. Alex felt boundless admiration for creative thought, and Elisabeth's sense of beauty, an elective affinity, could not be overlooked."[7]

Elisabeth and Alexander Kasser were characterized early on by their enjoyment of travelling the world, their desire for social gatherings and their passion for art. The years of the Second World War, however, confronted them with persecution and destruction in a way that was to have long-lasting consequences. The Kassers experienced how National Socialism raged in Budapest, where they also became witnesses to the deportations, mainly of the Jews, which were organized by the Germans and carried out by Hungarians. The events turned them into indispensable helpers in the fight against the Holocaust in Hungary, for which Alexander Kasser was awarded the title of "Righteous among the Nations" by the state of Israel in 1997. In 1998, the Scottish artist John Bellany dedicated the work *Odyssey* to him, in which he did not just address the subjects of journey and return, he also brought back to people's minds the Holocaust and the traumatic experiences in the picture and the text (fig. p. 23).

Alexander Kasser was born in Budapest in 1909. The eldest of six children, he experienced foreign countries at a young age and took his degree in chemical engineering in France. He initially studied at the Sorbonne in Paris, then later at the University of Grenoble, where he graduated. During his time in Paris he earned his living as a footballer for Socio Club France. After his return to Hungary Kasser started working for the paper industry. Many patent applications made him the leading expert on paper. Kasser met his wife, Elisabeth (née Aranyi), born in 1920 and hence eleven years his junior, in Budapest, where they married and their two children Michael and Mary were born. Towards the end of the Second World War Alexander Kasser organized and ran the Swedish Red Cross in Hungary together with Valdemar Langlet, who had been living in Budapest since 1932 and worked for the university as well as for the Swedish embassy. Langlet's work and that of the Swedish diplomat Raoul Wallenberg, for whom Elisabeth Kasser worked as an interpreter, focused mainly on saving the Hungarian Jews from the Holocaust. Wallenberg, who had returned in July 1944 as Sweden's special envoy, was able to save the lives of hundreds of persecuted Jews. After Budapest was occupied by the Red Army, Wallenberg was taken to the Soviet Union, where he died a few years later in prison.

Elisabeth and Alexander Kasser, who had made significant contributions to Wallenberg's mission, left Hungary with their children

## Eine geheimnisvolle Kraft der Linie[9]

Zu Beginn des 20. Jahrhunderts glaubten die Künstler fest an die Linie. Die Begeisterung für das Urelement der Kunst war derart stark, dass jener Julius Meier-Graefe, der später Cézanne erklärte, 1904 spottend zu der Schlussfolgerung kam: »Wie einst Xenophos Griechen nach dem Meere, so stammelt heute alles nach der Linie«.[10] Dabei hatte der Kunstschriftsteller selbst die neue Linienästhetik populär gemacht, wie die Literaturwissenschaftlerin Sabine Mainberger jüngst treffend analysierte.[11] Um die Jahrhundertwende wurde die Begeisterung für die Linie so groß, dass das lineare Element in allen ästhetischen Bereichen, ob Literatur, bildende Kunst oder Architektur, diskutiert und eingeführt wurde. Das Phänomen schien allerorten, auch wenn es sich nicht eindeutig benennen ließ oder einen gemeinsamen Namen erhielt. Die »Linie, nach der heute alle unsere Sehnsucht ruft«,[12] wurde vor allem als bewegte verstanden. Anders als in der Mathematik oder im alltäglichen Gebrauch wurde die Linie nicht als kürzeste Verbindung zwischen zwei Punkten und somit als Grade, sondern als gekrümmte, geschwungene und bewegte verstanden. Die Künstler begannen mit Linien auf vielfältige Weise zu experimentieren und ebneten neue Darstellungsmöglichkeiten. Die Kunstlinie wurde dabei vom Motiv gelöst und im Jugendstil schließlich rein ästhetisch betrachtet. Linie wurde immer als vitales Element gesehen, was sich auch in den zeitgleich entstehenden sogenannten Ausdruckswissenschaften niederschlug, die sich mit den Besonderheiten des Menschen beschäftigen, seinem Innersten, seinem Charakter und Seelenzustand, ablesbar am Körper und an dessen verschiedenen Ausdrucksbewegungen von Mimik und Gestik über Gang bis zum Tanz.

Die Vorlieben nach Schwüngen, Kurven, Wellen und Spiralen prägten neue Körperrhythmen und Tanzformen, die gleichermaßen die bildende Kunst befruchteten. So resultierte das Bekenntnis der Bildhauerei zur Linie als Prozess und Bewegung auch aus dem Einfluss des zeitgleichen Tanzes. Wichtige Anregungen zur Dynamisierung gab die 1862 geborene Loïe Fuller mit ihrem innovativen Schleiertanz. Die Amerikanerin schuf mit ihren meterlang wirbelnden Seidenstoffbahnen eine neue Form des Tanzes, der nur noch Bewegung und Verwandlung war. Die seit den 1890er-Jahren in Paris lebende und dort 1928 verstorbene Wegbereiterin abstrakter Tanzimprovisationen regte auch Bildhauer in Europa zu neuen Formen an. Ihr Einfluss sollte lange nachklingen, wie Alberto Giacomettis *Femme debout* (*Stehende Frau;* Abb. 5) und vor allem *Danseuse aux voiles (Tänzerin mit Schleiern)*, 1947/48 von Jacques Lipchitz (Abb. 14) zeigen. Giacometti lässt das Kleid der weiblichen Figur am unteren Saum ausladend wellenförmig in den Raum schwingen und Lipchitz formt Gliedmaßen und Stoffbahnen zu einer arabesken Form. Die Körperelemente sind dem tänzerischen Schwung untergeordnet. Dem Tanz widmete sich auch Henri Matisse auf besondere Weise und bediente sich dafür aller Techniken von der Zeichnung über die Malerei bis zur Skulptur. Wie Rodin modellierte Matisse Ton, den er zusätzlich mit Messerklingen und Draht bearbeitete, mit dem Ziel eines Bronzegusses. Glatte Oberflächen befriedigten auch ihn nicht. Analog zu seinen Zeichnungen und Malereien betonte er lineare Eigenschaften auf Kosten des Volumens. So bestimmt eine fortlaufende Wellenlinie sowohl Silhouette als auch Volumen der Plastik *La danse (Der Tanz;* Abb. 4), die Matisse 1911 mit einem sichtbaren Interesse an dem Bewegungsablauf, aber auch an der körperlichen Anstrengung einer Tänzerin modellierte. Die aus seiner Modellierarbeit resultierenden Spuren und der Verlauf der Arbeitslinien verdeutlichen zudem das Spannungsfeld von Schwere und Leichtigkeit. Wieder ist es die Oberfläche, die vom Künstler zerklüftet wurde. Das Verfahren der offenen Oberflächengestaltung sollten Künstler wie Alberto Giacometti noch radikalisieren. Andere wie Alexander Archipenko

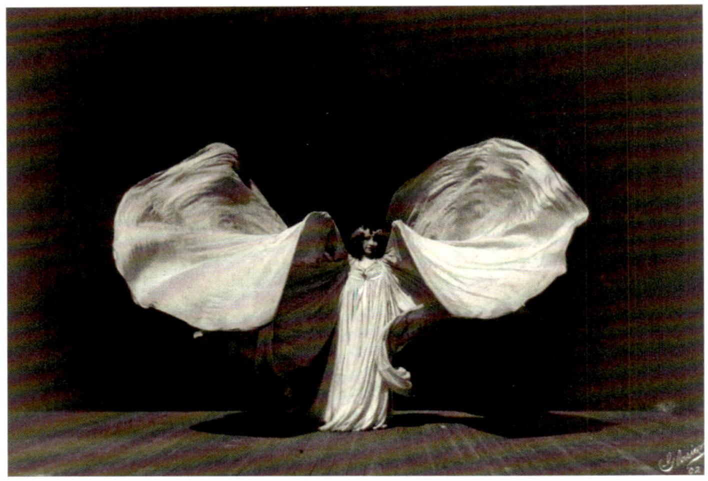

Frederick Glasier, Loïe Fuller, 1902

after the end of the Second World War. They initially went to Mexico in 1945, where Alexander Kasser obtained a chair in cellulose chemistry at the Polytechnic Institute. In 1951 the Kasser family emigrated to the United States, where Kasser had a successful career in the paper industry. Once back in the United States, the Kassers were able to start collecting again and once more devote themselves to music and the visual arts. Elisabeth Kasser had studied art history in Budapest, while Alexander Kasser pursued his early passion. Purchase decisions were always made together. In the 1970s they frequently travelled to Europe, not least in order to collect art works of European origin.

Elisabeth and Alexander Kasser put the temporal focus of their collection on the end of the 19th century and the beginning of the 20th. They were enthusiastic and competent in their collecting activities, and thus it is not surprising that there is hardly a classic artist of the modern period missing from their collection. What may at first look like a representative selection of all of the important names is revealed, upon closer inspection, to be an addition to the conventional historiography of Modernism, which seems to be stuck on terms such as provocation, criticism and ugliness. Paul Cézanne's sketch *Vénus accroupie (Crouching Venus;* fig. 7), dating from 1885–1888, is less evidence of his simplified canon of forms, which was becoming important to Modernism, but more a graphic illustration of his artistic struggle between tradition and resistance. Cézanne, who at the time was anxious to investigate landscapes for the shapes of spheres and cylinders, deviated from his approach when it came to studies of epoch-making sculptural works. His depiction of Venus was based on a sculpture of the same name dating from 1685/86 by Charles Antoine Coysevox (1640–1720). The art historian Julius Meier-Graefe, who held Cézanne in high regard, knew him personally and wrote the first biography of him in 1910. He recalled his anguish: "Building with nature means building with wind, with rays of sun, with the echo of the valleys. That means renouncing all the Baroque of youth, which he at times pined after in drawings based on figures by Michelangelo. After spending a day outside torturing himself over a motif, without making progress, in the evening he secretly took out photographs that were very different from the kind of work he did, robust works that did not contain any doubt, such as those by Puget, who was fanatically affirmative, and he would then trace them with a pencil. Afterwards he felt like a thief. Following nature meant excluding all invisible things. He built his motif brick by brick. His mind raced."[8]

Close inspection makes his struggle, or, in other words, his experimentation clear. Cézanne did not just trace the outline of a female figure with a line; he instead drew several lines next to each other and over each other to produce contours. It is almost as if he was practising, through his drawings, to what extent lines structure surfaces, separate areas and are able to create boundaries. His lines seem to sway, float even, and do not form rigid outlines, instead circumscribing something and inviting us to take a proper look. Elisabeth and Alexander Kasser looked with a discriminating eye and opted for this drawing. It is thanks to their judgement, whether intuitive or trained, that they brought works together that are both visually pleasing and encourage beholders to stop and take a proper look. The Kassers' collection, which resulted in the Kasser Art Foundation in 1969, renamed the Kasser/Mochary Family Foundation in 2011, is a personal account of the individual freedom of the collectors and also of the beholder's task. The history of modern art can also be described as a history of modern seeing, since the exploration of the visual means opened up a different understanding of seeing. The active perception on the part of the beholder is seen as an important phenomenon for the understanding of 20th-century art. When considering how to present the collection of the Kasser/Mochary Family Foundation in a selective, yet significant manner, questions of the development of art were in the foreground, as is the case in every exhibition project.

## A mysterious power of the line[9]

At the start of the 20th century, artists believed firmly in the line. The enthusiasm for this original element of art was so strong that the same Julius Meier-Graefe, who later explained Cézanne, mockingly came to the following conclusion in 1904: "Just like Xenophon's Greeks spluttered for the sea, everyone these days splutters for the line ."[10] He said this although as an art writer he himself had popularized the new linear aesthetic, as the scholar of literary studies, Sabine Mainberger, recently correctly analysed.[11] Around the turn of the century, enthusiasm for the line became so great that the linear element was discussed and introduced in all aesthetic fields, such as literature, the visual arts and architecture.

verzichteten hingegen auf bewegte Oberflächen. Für Archipenko war die Einführung eines definitiven Konturs durch eine Reduktion auf eine eindeutige Form von größerer Bedeutung. In *Flat Torso (Flachem Torso;* Abb. 48) schmolz er 1914 alle Detailformen einer weiblichen Gestalt in seinem Bestreben nach einer Einheit von Linie und Form zusammen.

Trotz der intensiven Beschäftigung mit der Linie zu Beginn des 20. Jahrhunderts fehlt bis heute eine zusammenhängende Darstellung einer Geschichte der ästhetischen Linientheorie.[13] Was im Vergleich zur Geschichte der Farbenlehren verwundert, die umfangreich erforscht wurde. Laut den aktuellen Forschungsergebnissen des Kunsthistorikers Raphael Rosenberg begann eine systematische Diskussion, welche ästhetischen Eigenschaften Linien unterschiedlicher Form besitzen, bereits im 18. Jahrhundert, vor dem Hintergrund einer neuartigen ästhetischen Theorie, die Kunst nicht länger unter dem aristotelischen Paradigma der Naturnachahmung (Mimesis), sondern ausgehend von der Wirkung des Werkes auf den Betrachter definiert. Der englische Maler William Hogarth (1697–1764) gab hierzu mit seinen Ausführungen über die *Line of Beauty* die entscheidenden Anregungen[14] und machte diese in seinem Selbstporträt von 1745 sogar sichtbar. Auch wenn Hogarth Linien nach ihrem Schönheitsgrad unterschied, war es für ihn noch nicht von Bedeutung, dass Geraden und Kurven spezifische Ausdruckspotenziale besitzen. Ende des 19. Jahrhunderts wurden die linientheoretischen Abhandlungen wieder populär.[15] Es kann angenommen werden, dass die linienästhetischen Diskurse des späten 19. Jahrhunderts eine wichtige Rolle für die Ausprägung und Verbreitung des Jugendstils gehabt haben. Im Gegensatz zu früheren Abhandlungen fällt bei den Texten der 1880er- und folgenden Jahre auf, dass die Beschreibung des Eigenwertes und des Ausdrucks von Linien differenzierter und präziser erfasst wird als zuvor. Darüber hinaus wurde sogar versucht, hierfür wissenschaftliche Begründungen zu finden. Rosenberg vermutet weiter, dass die heute wenig bekannten Schriften in den Kunstschulen des 19. Jahrhunderts durchaus verbreitet waren. Ein Blick in Kandinskys Bauhaus-Lehrbuch *Punkt und Linie zu Fläche* von 1926 zeige exemplarisch, wie eindeutig die Tradition des vorangegangenen Jahrhunderts in die Künstlerschriften der klassischen Moderne des 20. Jahrhunderts übergingen. Hier fragte Kandinsky aus phänomenologischer Sicht nach dem Ausdruck von Linienarten. Er unterschied die Grade der Krümmungen, die Verdickungen und Verdünnungen von Linien sowie deren Ausrichtung auf der Fläche.

Wichtige Anregungen erhielten die Künstler auch aus den Naturwissenschaften, die abstrakte Linien bereits gegen Ende des 19. Jahrhunderts nachweisen konnten. Neue technische Geräte ermöglichten die Sichtbarmachung von elektronischen Kräften in Linienformen.[16] Neben Kandinsky lehrte László Moholy-Nagy am Bauhaus, der sich besonders neuen Technologien öffnete und außerkünstlerische Neuerungen adaptierte. Jene Linien, die nicht dem bloßen Auge sichtbar waren, sondern mit wissenschaftlichen Apparaturen, Mikroskopen oder Röntgengeräten nachgewiesen werden konnten, weckten sein Interesse. Zunächst hatte Moholy-Nagy die Linie auch eher als Ausdruck eines Gefühles und nicht als geometrisches Konstrukt oder als wissenschaftliches Ergebnis verstanden. Unmittelbar nach dem Ersten Weltkrieg nutzte er Linien als Erregungs- und Schwingungsträger wie sichtbare Spuren seelischer Impulse. Während seiner Rekonvaleszenz 1917 schuf Moholy-Nagy erste Zeichnungen mit chaotischem Wirrwarr aus Linien, geprägt von Stacheldraht und Frontgräben. Seinen Erfahrungswelten entsprechend ließ er die Linien aus den Fugen geraten. Bei der Konzentration auf das bildnerische Grundelement folgte er seiner inneren Erregung, seinem Wunsch nach einer Verarbeitung der Geschehnisse: »Ich sah, dass dieses Experiment mit den Linien eine völlig unerwartete und unbeabsichtigte emotionale Qualität in die Zeichnung brachte, die mir vorher nicht bewusst war … Die Zeichnungen wurden zu einem rhythmisch artikulierten Netzwerk von Linien, das nicht so sehr die Gegenstände zeigte als die Erregung, die sie in mir hervorriefen.«[17] Später begann er die Linien zu reduzieren und als energetische Schwingungsfelder zu abstrahieren (Abb. 11).

## Aufmerksamkeit auf die Schönheit der Linie lenken[18]

Es waren vor allem Maler und Zeichner wie Henri Matisse, Paul Gauguin oder André Derain, die mit ihren plastischen Werken entscheidende Neuerungen für die Entwicklung der modernen Skulptur gebracht haben. Der betonte Einsatz von geschwungenen, kurvigen Linien, ihre Überschneidungen und Gegenüberstellungen, schnelle und bewegte Strichführungen boten neue Möglichkeiten,

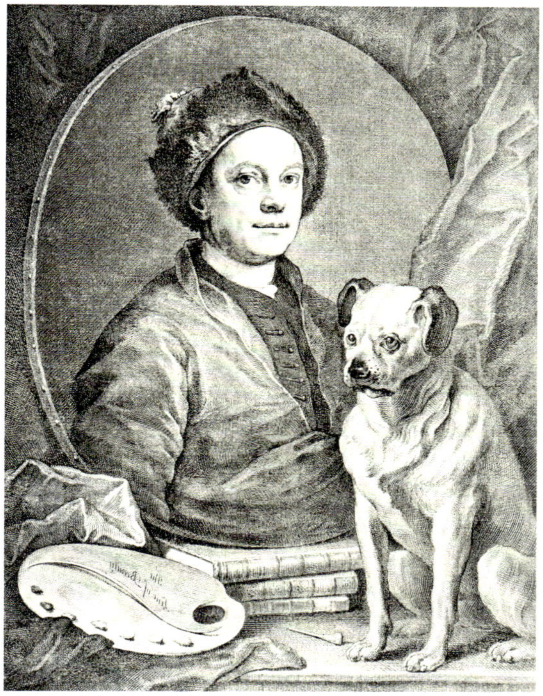

William Hogarth, Self-Portrait with "The Line of Beauty" (Selbstporträt mit "The Line of Beauty"), 1749

The phenomenon appeared everywhere, even though it could not be given a clear or common name. The "line that we all long for today"[12] was primarily understood as moving. Unlike in maths or in everyday parlance, the line was not seen as the shortest connection between two points and thus as a straight entity, but rather seen as bent, curving and in motion. Artists started to experiment with lines in many different ways, paving the way for new forms of representation. In the process the artistic line was separated from the motif, to the point where Art Nouveau saw it as a purely aesthetic element. The line was always seen as a vital element, which also came through in what were known as 'Ausdruckswissenschaften' or 'sciences of expression' that developed at the same time and focused on the special features of human beings, their innermost beings, their character and emotional state, which is then expressed through their body and its different expressive movements, from facial expressions and gestures to gait and dance.

The preferences for sweeping lines, curves, waves and spirals shaped new body rhythms and types of dance, which in turn stimulated the visual arts. Thus, sculpture's commitment to the line as a process and a movement also resulted from the influence of contemporaneous dance. Important stimuli towards becoming more dynamic came from the American performer Loïe Fuller (b. 1862) with her innovative serpentine dance. With her long, whirling silk fabrics she created a new form of dance that was reduced to movement and transformation. This pioneer of abstract dance improvisation, who moved to Paris in the 1890s, where she died in 1928, also inspired sculptors in Europe to produce new forms. Her influence was to resonate for a long time, as is demonstrated by Alberto Giacometti's *Femme debout (Standing Woman;* fig. 5) and *Danseuse aux voiles (Dancer with Veils)* 1947/48 by Jacques Lipchitz (fig. 14) in particular. At the hem, Giacometti makes the dress of the female figure fly out into the room in a wave-like manner, while Lipchitz shaped limbs and fabric into an arabesque. The physical elements are subordinate to the dance momentum. Henri Matisse also devoted himself to dance in a special way, using every kind of technique from drawing to painting and sculpture. Like Rodin, Matisse modelled clay, which he also worked on with knife-blades and wire, with the goal of producing a bronze cast. He too was not satisfied by smooth surfaces. Analogously to his drawings and paintings, he emphasized linear properties at the expensive of volume. Thus a continuous wave-like line characterizes both the silhouette and the volume of the sculpture *La Danse (The Dance;* fig. 4), which Matisse modelled in 1911 with a visible interest in the sequence of movements as well as in the physical exertions experienced by a dancer. The marks resulting from his modelling work, and the course of the working lines also highlights the tension between weight and lightness. Once again it is the surface that was fissured by the artist. The process of open surface design was to be radicalized further by artists such as Alberto Giacometti. Others, like Alexander Archipenko, on the other hand, made do without moving surfaces. For Archipenko the introduction of a definite contour through a reduction to a clear shape was of greater significance. In *Flat Torso* (fig. 48) he blended all of the detailed shapes of a female figure in his endeavour to achieve unity between line and form.

Despite artists' intense occupation with the line in the early 20th century, there is still no cohesive portrayal of a history of the aesthetic line theory.[13] This is surprising when we compare it with the history of colour theory, which has been extensively researched. Ac-

Volumen zu erzeugen und Deformationen oder Abstraktionen zu erzielen. »Drücken Sie sich durch einander entsprechende Massen aus und durch große, ineinandergreifende, geschwungene Linien«,[19] empfahl Matisse seinen Schülern für die Bildhauerei und gab seine malerischen Erforschungen der Linie dabei weiter: »Die Linien müssen harmonisch und kontrapunktisch wirken, wie in der Musik. Denken Sie daran, dass eine Linie niemals für sich allein existieren kann; sie zieht stets eine Weggenossin nach sich. Vergessen Sie nicht, dass eine Linie nichts aussagt; erst im Verhältnis zu einer anderen Linie entsteht ein Volumen. Und ziehen Sie beide Linien gleichzeitig«.[20]

Bildnerische Neuerungen, wie von Matisse artikuliert, wurden direkt diskutiert und regten andere Künstler zu skulpturalen Folgearbeiten an. Vorläufer wie Edgar Degas hatten zuvor größtenteils nur im Privaten plastisch gearbeitet. Erst nach seinem Tod wurden seine plastischen Gipsstücke in Bronze abgegossen und bekannt. Es sollte sich zeigen, dass der Linienfluss des Modells, das einst Degas mit eigenen Händen modellierte, genauso ausdrucksstark und lebendig erhalten werden konnte (Abb. 3). Eine posthume Umsetzung war bei den späteren Malern und Zeichnern wie Matisse, Gauguin oder Derain hingegen nicht nötig, sie erarbeiteten zu Beginn des 20. Jahrhunderts finale Werke aus Stein, Holz oder Bronze und befruchteten sich in ihrem Schaffen gegenseitig. Matisse antwortete Gauguin, Picasso und Giacometti reflektierten Matisse. Oberflächen wie Silhouetten boten ungeahnte Möglichkeiten linearer Problemstellungen. Viele plastische Werke entstanden im Zusammenhang mit Kompositionsüberlegungen zeitgleicher Malereien. Es waren auch die Maler, nicht Bildhauer, die Stammeskunst aus Ozeanien und Afrika studierten, adaptierten und dadurch die Regeln der vorangehenden europäischen Bildhauerei sprengen sollten. Die Linienführung wurde dabei gefestigt. Die plastischen Werke des Autodidakten Derain, die Anfang des 20. Jahrhunderts entstanden, zeugen beispielhaft von einer neuen Ästhetik (Abb. 26) von Archaik und Linie. Initiiert durch Gauguin beschäftigte er sich mit außereuropäischen Formen, die er direkt in feste Materialien übertrug. In Holz geschnitzt oder in Stein gehauen, entstanden wichtige Dokumentationen moderner Skulptur (Abb. 24). Steinmetzarbeiten führte Amedeo Modigliani aus, der die zarten Linien seiner Zeichnung (Abb. 25) in dreidimensionale Werke übertrug.

Auch Alberto Giacometti führte seinen signifikanten, stenogrammartigen zeichnerischen Stil in seinen Skulpturen fort. Von Eisenstäben gehalten, begann er nach 1946, plastische Werke wie Zeichnungen im Raum zu realisieren. Später verfolgte er bis 1965 das Ziel, dem Erscheinungsbild einer wirklichen Begegnung Leben zu verleihen. Ein Vergleich seiner zeichnerischen Werke *Figure assise,* 1961, (Abb. 32) und *Nu de profil,* 1961, (Abb. 31) mit der Plastik *Annette VI*, 1962, (Abb. 30) zeigt, inwieweit er leere Flächen und Strichverflechtungen in Spannung zueinander setzte. Leerstellen und zeichnerische Linearität erarbeiten gleichermaßen die Öffnung zum Raum. Da Giacometti Linien nicht mit Umrisslinien gleichsetzte, öffnete er auch den Blick des Betrachters für den Bildraum. Es kann nicht einer einzelnen Linie mit dem Auge gefolgt werden, sondern man wird sich der raumbildenden Funktion des Liniengeflechts auf der Fläche bewusst. Ebenso wenig hebt *Annette VI* auf Umrisse ab. Das plastische Gefüge ist analog zu den Zeichnungen nicht von einer Linie abhängig, sondern gibt den Akt des Sehens wieder. Giacometti nutzte die Linie nicht als Umriss, als Grenze, als Fixierung, sondern verdichtete Linien manchmal wollartig verknäult, ein andermal ließ er diese auseinanderstreben, als wollte er Bewegungsabläufe suggerieren. Der unruhige Strich Giacomettis formiert sich in der Skulptur zur aufgewühlten Oberfläche, mit Erhöhungen und Vertiefungen, die sich verbinden, Gruppen bilden oder sich wieder abstoßen. Die variationsreiche Modellierung der Außenhaut resultiert nicht aus der mimetischen Formung der Figur, sondern aus dem Interesse des Künstlers.

## Verfeinerung des Sinns für lineare Schönheit[21]

»Seine Zeichnung war eine lautlose Konversation, ein Dialog zwischen seiner Linie und den unsrigen«,[22] erinnerte sich Jean Cocteau an Amedeo Modigliani, der mit sicherer Hand, ohne diese abzusetzen und ohne die Linie zu unterbrechen, sein Gegenüber porträtiert habe. Man denkt an die Betonung von Konturen, wenn man Gemeinsamkeiten bei Cocteau und Modigliani benennen sollte. Es gibt ähnliche Merkmale und doch ist man sich sofort der Andersartigkeit bewusst. Die Bewegung der Hand, mit der der jeweilige Künstler seine Linie zieht, kann eine schnelle oder langsame sein, kann zittrig oder sicher sein, kann zart oder kräftig sein und kann mechanisch oder expressiv sein. Im Schwung der Linie manifestiert sich die Intention des Ausführenden. Dass die Autorenschaft durch eine einzige Linie bestimmt werden kann, wird bereits aus der An-

cording to the current research of art historian Raphael Rosenberg, a systematic discussion of the aesthetic properties possessed by lines of different shapes began as early as the 18th century, against the backdrop of a new kind of aesthetic theory that no longer defined art under the Aristotelian paradigm of imitation (mimesis), but instead defined it by looking at a work's effect on the beholder. The English painter William Hogarth (1697–1764) made the crucial contributions with his remarks about the *Line of Beauty*[14] and even made these visible in his 1745 self-portrait. Even though Hogarth distinguished lines by their degree of beauty, it was not yet important to him that straight lines and curved lines possess specific expressive potentials. Towards the end of the 19th century papers discussing line theory became popular again.[15] It can be assumed that the late-19th-century discussions about linear aesthetics played an important role in the development and spread of Art Nouveau. In contrast to earlier tracts, it is a striking feature of those written in the 1880s and later that the description of the Line's intrinsic value and expression was captured more precisely than before. In addition, attempts were even made to find scientific justifications for this. Rosenberg also assumes that the now little-known writings were quite widespread in the art schools of the 19th century. A glance into Kandinsky's 1926 Bauhaus textbook *Point and Line to Plane* is one example of how clearly the tradition of the previous century found its way into the writings of classical modernism in the 20th century. Kandinsky asked, from a phenomenological viewpoint, about the expressiveness of different types of lines. He differentiated between the degrees of curvature, thickenings and thinnings of lines as well as their orientation on a surface.

Artists also acquired important stimuli from the natural sciences, which were able to prove the existence of abstract lines as early as the late 19th century. New technical instruments made it possible to make electro-magnetic forces visible as line shapes.[16] Another teacher at the Bauhaus alongside Kandinsky was László Moholy-Nagy, who was particularly open to new technologies and who adapted non-artistic developments. His interest was awakened by lines that were not visible to the naked eye, but that could be demonstrated with scientific instruments, microscopes and x-ray machines. At first Moholy-Nagy had also understood the line as an expression of an emotion and not as a geometric construct or as a scientific result. Immediately after the First World War he used lines as bearers of excitement and vibration, like visible traces of emotional impulses. During his convalescence in 1917, Moholy-Nagy created his first drawings with a chaotic jumble of lines, shaped by barbed wire and trenches. In line with his worlds of experience, he let the lines come apart at the seams. When concentrating on the fundamental visual element, he always pursued his inner excitement, his desire to process the events: "I saw that this experiment with lines brought an emotional quality into the drawings which was entirely unintentional and unexpected, and of which I had not been aware before. ... The drawings became a rhythmically articulated network of lines, showing not so much objects but my excitement about them."[17] He later began to reduce the lines and abstract them as energetic vibration fields (fig. 11).

## Directing attention to the beauty of the line[18]

It was mainly painters and draughtsmen like Henri Matisse, Paul Gaugin and André Derain who produced crucial innovations for the development of modern sculpture through their own sculpted works. The emphatic use of curving lines, their crossovers and confrontations, quick and vibrant lines offered new ways of producing volume and achieving deformations and abstractions. "Express by masses in relation to one another, and large sweeps of line in interrelation,"[19] Matisse recommended to his sculpture students, and in the process passed on his painterly researches into the line: "The lines must come across as harmonious and contrapuntal, as in music. [...] Remember, a line cannot exist alone; it always brings a companion along. Do remember that one line does nothing; it is only in relation to another that it creates a volume. And do make the two together."[20]

Pictorial innovations, such as those articulated by Matisse, were immediately discussed, and moved other artists to produce subsequent sculptural works. Pioneers such as Edgar Degas had previously largely produced sculptures only for private use. It was only after his death that his gypsum sculptures were cast in bronze and became famous. It transpired that the flow of lines that Degas once modelled with his own hands could be preserved to remain just as expressive and vital (fig. 3). By contrast no posthumous implementation was necessary for later painters and draughtsmen like Matisse, Gaugin and Derain, because at the start of the 20th century

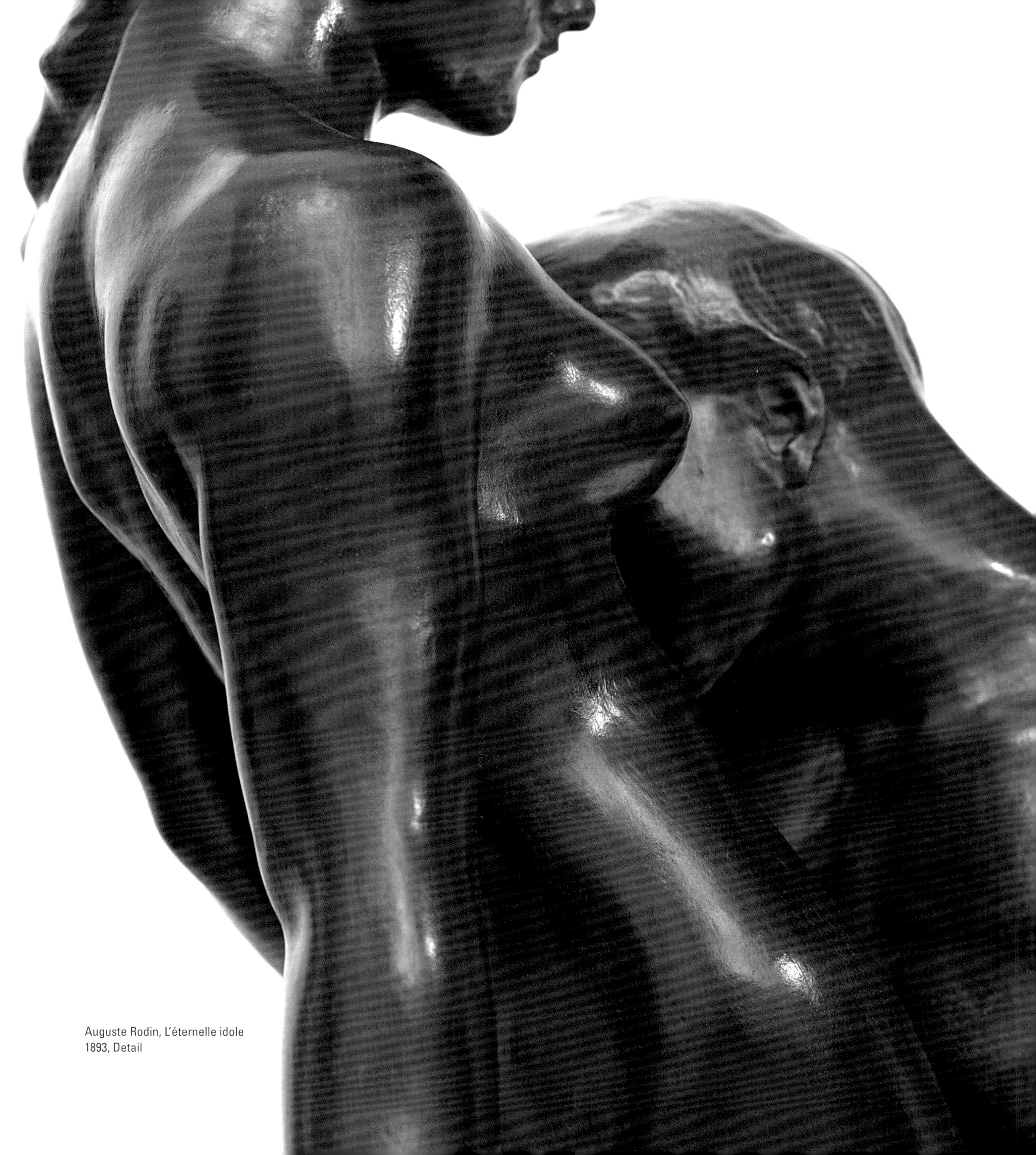

Auguste Rodin, L’éternelle idole
1893, Detail

they created final works made of stone, wood and bronze, and stimulated each other in their creative endeavours. Matisse responded to Gauguin, while Picasso and Giacometti reflected Matisse. Surfaces such as silhouettes offered unforeseen possibilities regarding linear problems. Many sculptural works were created in connexion with compositional reflexions on contemporary paintings. It was also painters, not sculptors, who were to study tribal art from Oceania and Africa, adapt it and thereby break the rules of previous European sculpture. The line was consolidated during this process. The sculptural works produced by the autodidact Derain in the early 20th century are perfect examples of this new aesthetic (fig. 26) of the archaic and the line. Stimulated by Gauguin, he occupied himself with non-European forms that he carried over directly into solid materials. Important documents of modern sculpture were produced carved in wood or stone (fig. 24). Amedeo Modigliani worked with stone, transferring the gentle lines of his drawings (fig. 25) into three-dimensional works.

Alberto Giacometti, too, continued his significant, shorthand-like drawing style into his sculptures. After 1946, he started creating sculptural works, supported by iron rods, as drawings in space. Later, up until 1965, he pursued the goal of giving life to the appearance of a real encounter. A comparison of his drawings *Figure assise (Seated Figure)*, 1961 (fig. 32) and *Nu de profile (Nude in profile)*, 1961 (fig. 31) with the sculpture *Annette VII*, 1962 (fig. 30) shows to what extent he put empty spaces and interlacing lines into tension with each other. Empty spaces and graphical linearity both work to achieve the opening into space. Since Giacometti did not equate lines with outlines, he also opened up the beholder's gaze to pictorial space. The eye cannot trace a single line; instead the viewer becomes aware of the space-creating function of the mesh of lines on the surface. *Annette VI* does not emphasize outlines either. Analogously to the drawings, the sculptural structure is not dependent on a line; instead it reproduces the act of seeing. Giacometti used lines not as outlines, as boundaries, as anchors; he compacted lines, sometimes bunched up like balls of wool, while at other times he made them come apart as if he wanted to suggest motion sequences. Giacometti's restless lines come together in his sculptures to produce agitated surfaces, with elevations and depressions that join together, form groups or reject each other again. The highly varied modelling of the outer layer does not come from mimetic moulding of the figure, but rather from the artist's interest.

## Improving the appreciation of linear beauty[21]

"His drawing was a silent conversation, a dialogue between his line and ours,"[22] recalled Jean Cocteau of Amedeo Modigliani, who produced a portrait of his sitter with a sure hand, never lifting it and never interrupting the line. The emphasis on contours comes to mind when thinking of what Cocteau and Modigliani have in common. There are similar characteristics and yet one is immediately aware of the differences. The movement of the hand with which each artist draws his lines can be quick or slow, shaky or sure, it can be gentle or strong, mechanical or expressive. The intention of the artist is manifested in the momentum of the line. The fact that authorship can be determined from a single line was already known in Antiquity. According to Pliny the Elder, the most famous painting only depicted three abstract lines and was the result of a competition between the painters Apelles and Protogenes to produce the more delicate line. Pliny reported that Apelles, when visiting the house of Protogenes, who was not at home, drew a line of incredible fineness (*linea summa tenuitatis*) with a brush, which Protogenes in turn tried to trump with an even finer line, having identified Apelles as the creator simply from the quality of the line. Finally Apelles topped the two lines already present with a third one, so that there was no further room for improvement. Protogenes declared himself defeated. The panel allegedly remained extant for quite some time and was admired by artists in particular, until it was destroyed by a fire in Augustus's palace in Rome in 4 CE.[23] Since the minimalist work now only existed as a story, many questions about the nature of the lines were posed between the Renaissance and Modernism. Did Pliny describe them as figural? It is undisputed, however, that a cornerstone for personal expression was laid in this anecdote. A line is not like any other line, or rather, one artist's line is not like that of any other artist, just as the reduction to a line does not mean a turn towards automatism. Lines can structure surfaces, open up spaces and evoke narratives, as is skilfully demonstrated by Ulloa Garay in his single-line drawings (figs. 42–47). Bold, spatial revolutions create volume not just in the drawing, but also in three-dimensional works. Bodies, deformed as loops with twists, arches and indentations, saturate space in the way they structure surfaces. The nature of the drawing, spontaneous and sketch-like, procedural and amorphous, pervades three-dimensional works. It is not the sketches and sculptural executions

tike überliefert. Das berühmteste Gemälde habe nach Plinius d. Ä. nur drei gegenstandslose Linien dargestellt und sei aus einem Wettstreit zwischen den Malern Apelles und Protogenes um die feinere Linie hervorgegangen. Laut dem römischen Gelehrten habe Apelles bei seinem Besuch im Hause des abwesenden Protogenes eine mit dem Pinsel gemalte Linie von höchster Feinheit *(linea summa tenuitatis)* hinterlassen, die Protogenes wiederum, nachdem er allein aufgrund der Qualität der gemalten Linie Apelles als Urheber identifiziert hatte, mit einer noch feineren Linie zu übertreffen versucht habe. Schlussendlich habe Apelles die vorhandenen beiden Linien mit einer dritten Farbe derart überzogen, dass für eine weitere Steigerung kein Platz mehr geblieben wäre. Protegenes erklärte sich besiegt. Die Tafel der drei schönen Linien soll noch lange erhalten geblieben und vor allem von Künstlern bewundert worden sein, bis sie im Jahre 4 n. Chr. in Rom durch einen Brand des Palastes des Augustus zerstört worden sei.[23] Da das minimalistische Werk nur durch seine Erzählung existierte, wurden von der Renaissance bis zur Moderne viele Fragen nach der Art der Linien aufgeworfen. Beschrieb Plinius sie als gegenständliche? Unbestritten ist hingegen, dass in der Anekdote ein Grundstein für den persönlichen Ausdruck gelegt wurde. Eine Linie ist nicht gleich einer Linie oder anders gesagt, eine Linie eines Künstlers gleicht nicht der Linie eines anderen Künstlers wie eine Reduktion auf eine Linie ja auch nicht die Hinwendung zum Automatismus bedeutet. Linien können Flächen gliedern, Räume öffnen und Erzählungen evozieren, wie beispielsweise Ulloa Garay in seinen Einlinienzeichnungen auf virtuose Weise zeigt (Abb. 42–47). Kühne, räumliche Drehungen schaffen nicht nur in der Zeichnung Volumen, sondern auch in dreidimensionalen Werken. Körper deformiert als Schleifen mit Drehungen, Wölbungen, Buchtungen durchdringen den Raum, wie sie die Flächen gliedern. Das Wesen der Zeichnung, spontan und skizzenhaft, prozessual und amorph, durchdringt dreidimensionale Werke. Nicht Vorzeichnung und plastische Ausführung eines Künstlers treffen im Folgenden aufeinander, sondern Zeichnungen und Skulpturen von Zeitgenossen, Vorläufern oder Nachfolgern treten in den Dialog. Zeichnungen gehen neuartige Verbindungen mit Skulpturen ein und neue Konstellationen entstehen. So wie die Kassers nicht bestrebt waren, ein kunsthistorisches Kompendium zu sammeln, wird in der dialogischen Zusammenstellung nicht der Versuch auf Vollständigkeit unternommen. Es wird vielmehr versucht, eine Sensibilisierung für ein Grundelement zu schaffen, das einfacher nicht sein kann und sich doch als sehr vielfältig und vieldeutig erwiesen hat. Linien, die sich als Grenzen, Umrisse oder Bewegungsabläufe manifestieren, treten in den Dialog mit dem Betrachter. Erst unsere Augen können nachvollziehen, was die Künstler ihnen hinterlassen haben. Unterstützt wird die Freude an der Komplexität der Linie, die immer wieder neue Gestalt annimmt, von Gattung zu Gattung mäandert und dabei unterschiedliche Qualitäten hervorbringt, mit Zitaten der Künstler und mit Aussagen von Schriftstellern oder Künstlerkollegen. Die Worte spiegeln das Spektrum der Linie und ihrer verschiedenen Interpretationen, die um die Jahrhundertwende und zu Beginn des 20. Jahrhunderts einen Höhepunkt hatte, doch seit der Antike bis heute immer wieder neu diskutiert wurde.

[1] Vgl. Auguste Rodin, in: Karl Eugen Schmidt, Künstlerworte, Leipzig 1906, S. 126.

[2] Vgl. Rainer Maria Rilke, Einer jungen Bildhauerin, Paris, im Dezember 1902/03 entstanden, erschien erstmalig 1913 im Inselverlag, Wiederveröffentlichung in: August Rodin, Berlin 2009, S. 26.

[3] Ebd., S. 18.

[4] Johann Gottfried Herder, Plastik. Einige Wahrnehmungen über Form und Gestalt aus Pygmalions bildnerischem Traume (1778), in: Johann Gottfried Herder, Sämtliche Werke, Bd. VIII, hg. von Bernhard Suphon, Hildesheim 1967, S. 11–12.

[5] Rilke 2009 (wie Anm. 2), S. 19.

[6] Mary Mochary, Sammeln aus Freundschaft. Ein Interview mit Mary V. Mochary und I. Michael Kasser, in: Irdische Paradiese, Meisterwerke aus der Kasser Art Foundation (Ausst.-Kat. Kunstsammlungen und Museen Augsburg), Berlin 2009, S. 23–25, S. 23.

[7] Ebd., S. 29.

[8] Julius Meier-Graefe, Cézanne, Frankfurt am Main 1989, S. 60.

[9] Linie und Form. Erläuterndes Verzeichnis der Ausstellung formenschöner Erzeugnisse der Natur, Kunst und Technik im Kaiser-Wilhelm-Museum zu Krefeld, April und Mai 1904, Krefeld 1904, S. 11.

[10] Julius Meier-Graefe, Entwicklungsgeschichte der modernen Kunst. Vergleichende Betrachtung der bildenden Künste, als Beitrag zu einer neuen Ästhetik, 3 Bde., Stuttgart 1904, Bd. 2, S. 681.

[11] Vgl. Sabine Mainberger, Experiment Linie, Künste und ihre Wissenschaften um 1900, Berlin 2010, S. 7ff. Die folgenden Ausführungen geben Mainbergers Thesen wieder.

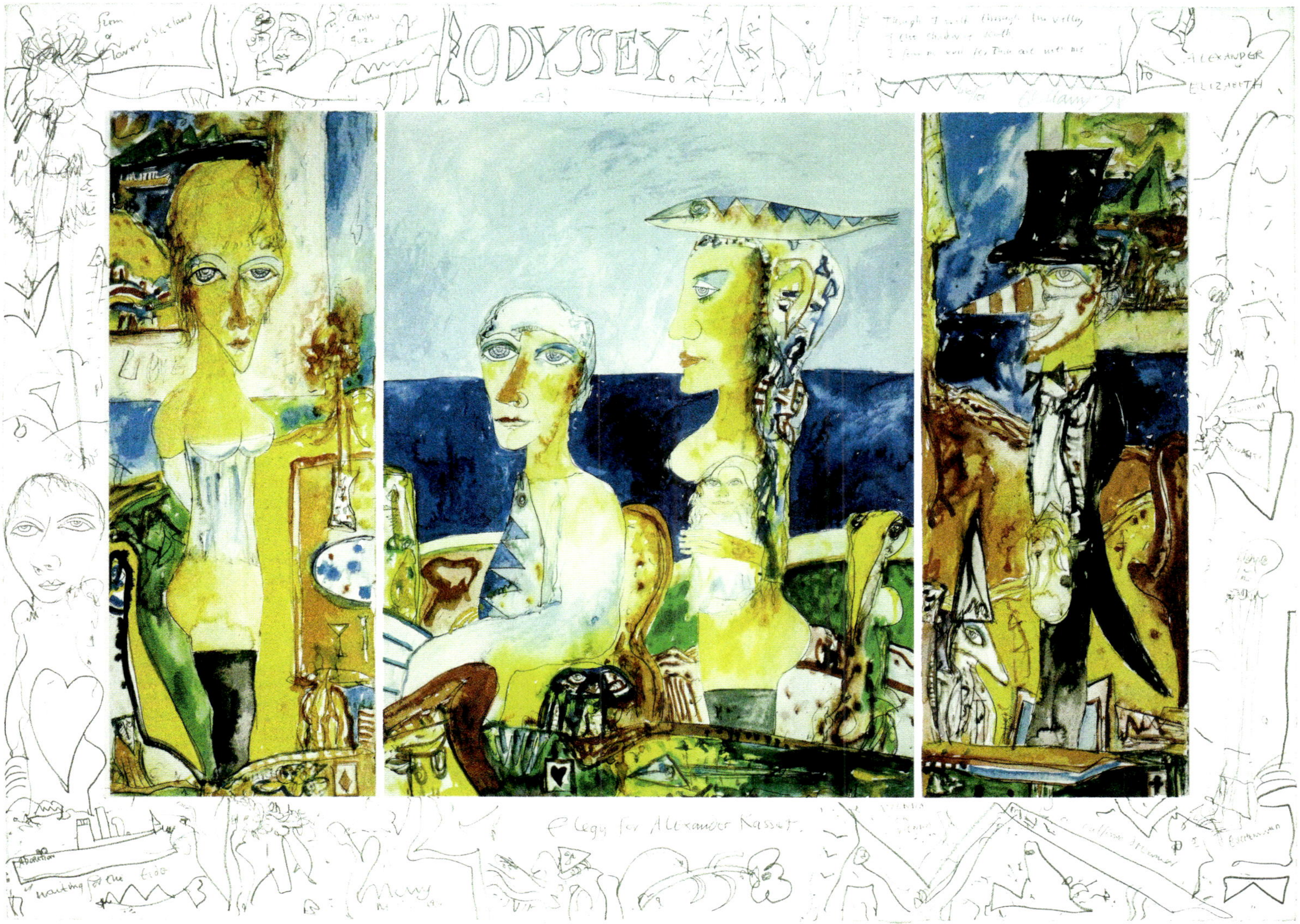


John Bellany, Odyssey, 1998

[12] Julius Meier-Graefe, zit. nach Mainberger 2010 (wie Anm. 11), S. 8.

[13] Vgl. Raphael Rosenberg. Die Linie in der ästhetischen Theorie des 18. und 19. Jahrhunderts, S. 28–31, in: Freiheit der Linie, Von Obrist und dem Jugendstil zu Marc, Klee und Kirchner, hg. von Erich Franz, Münster 2007, S. 28. Die Ausführungen im Folgenden stützen sich vor allem auf Rosenberg.

[14] Rosenberg folgend hat insbesondere Werner Busch, Die Akademie zwischen autonomer Zeichnung und Handwerkerdesign – Zur Auffassung der Linie und der Zeichen im 18. Jahrhundert«, in: Herbert Beck u.a. (Hg.), Ideal und Wirklichkeit der bildenden Kunst im späten 18. Jahrhundert, Berlin 1984, S. 177–192, bes. S. 187f. darauf hingewiesen.

[15] Nach Sabine Mainberger fehlen auf dem Weg von Hogarth zu Kandinsky noch Goethe, Ruskin und Semper; vgl. Anm. 11. Die Beziehung zu Klee stellt Régine Bonnefoit her, vgl. Régine Bonnefait, Die Linientheorien von Paul Klee, Petersberg 2009. Dass die Linientheorie im Gegensatz zur Farbtheorie ein Desiderat ist, wird mehrfach vermerkt, vgl. zum Beispiel Hubert Locher, Kunstgeschichte als historische Theorie der Kunst 1750–1950, München 2001.

[16] Zur jüngsten Linienausstellung *Linea. Vom Umriss zur Aktion. Die Kunst der Linien zwischen Antike und Gegenwart* erschien ein umfangreicher Katalog, der detailliert über das Thema informiert. Vgl. besonders Matthias Haldermann, Die zweigesichtige Linie. Von Butades bis Fischli/Weiss, in: Linea. Vom Umriss zur Aktion. Die Kunst der Linien zwischen Antike und Gegenwart, hg. von Matthias Haldermann (Ausst.-Kat. Kunsthaus Zug), Ostfildern 2010, S. 14–33.

[17] László Moholy Nagy, Abstract of an Artist, New York 1947.

[18] Linie und Form 1904 (wie Anm. 9), S. 3.

[19] Zitat aus dem zweiten Abschnitt der 1908 niedergeschriebenen Notizen von Sarah Stein, die mit Matisse eng befreundet war und in seiner Schule studierte. Erstmals publiziert von Alfred Barr, Matisse. His Art and his Public, New York 1951, S. 550ff.; übers. von Elisabeth Hammer-Kraft, dt.: Henri Matisse. Über Kunst, hg. von Jack D. Flam, Zürich 1982, wiederabgedruckt in: Matisse. Zeichnungen und Skulpturen, München 1991, S. 53.

[20] Henri Matisse, Rhythmus und Linie, hg. von Jaqueline und Maurice Guilland, Stuttgart 1987, o. S.

[21] Linie und Form 1904 (wie Anm. 9), S. 3.

[22] Jean Cocteau, Modigliani, in: Werner Schmalenbach, Amedeo Modigliani, Malerei, Skulpturen, Zeichnungen, Frankfurt am Main 1992, S. 190.

[23] Linie und Form 1904 (wie Anm. 9), S. 20f.

by an artist that confront each other in what follows. Rather, the drawings and sculptures of contemporaries, predecessors and successors enter into a mutual dialogue. Drawings enter new kinds of associations with sculptures, and new configurations are created. Just as the Kassers were not at pains to collect an art-historical compendium, the dialogue-oriented compilation makes no attempt at completeness. The aim is rather to create a sensitization for a fundamental element that could not be more simple, and that nevertheless has shown itself to be diverse and ambiguous. Lines that manifest themselves as boundaries, outlines and movement sequences enter into a dialogue with the beholder. It is only our eyes that can understand what the artists have left behind for them. Joy in the complexity of the line, which keeps taking on a new guise, meanders from genre to genre and reveals different qualities in the process, is supported with quotes from the artists and statements by authors and fellow artists. The words reflect the spectrum of the line and its different interpretations, which came to a climax at the start of the 20th century, but which have been discussed and rediscussed from Antiquity to the present.

[1] Cf. Auguste Rodin, in: Karl Eugen Schmidt, *Künstlerworte*, Leipzig 1906, p. 126.

[2] Cf. Rainer Maria Rilke, *Einer jungen Bildhauerin*, Paris, written in December 1902/03, first published in 1913 by Inselverlag, re-published in: *Auguste Rodin*, Berlin 2009, p. 26.

[3] Ibid., p.18.

[4] Johann Gottfried Herder, "Plastik. Einige Wahrnehmungen über Form und Gestalt aus Pygmalions bildnerischem Traume" (1778), in: Johann Gottfried Herder, *Sämtliche Werke*, vol. VIII, ed. by Bernhard Suphon, Hildesheim 1967, pp. 11–12.

[5] Rilke 2009 (see note 2), p. 19.

[6] Mary Mochary, "Sammeln aus Freundschaft. Ein Interview mit Mary V. Mochary und I. Michael Kasser", in: *Irdische Paradiese, Meisterwerke aus der Kasser Art Foundation* (exhib. cat. Kunstsammlungen und Museen Augsburg), Berlin 2009, 23–25, here p.23

[7] Ibid., p.29.

[8] Julius Meier-Graefe, *Cézanne*, Frankfurt am Main 1989, p. 60.

[9] *Linie und Form. Erläuterndes Verzeichnis der Ausstellung formenschöner Erzeugnisse der Natur, Kunst und Technik im Kaiser-Wilhelm-Museum zu Krefeld*, April and May 1904, Krefeld 1904, p. 11.

[10] Julius Meier-Graefe, *Entwicklungsgeschichte der modernen Kunst. Vergleichende Betrachtung der bildenden Künste, als Beitrag zu einer neuen Ästhetik*, 3 vols., Stuttgart 1904, vol. 2, p. 681.

[11] Cf. Sabine Mainberger, *Experiment Linie, Künste und ihre Wissenschaften um 1900*, Berlin 2010, p. 7ff. The following remarks reflect Mainberger's theories.

[12] Julius Meier-Graefe, quoted in Mainberger 2010 (see note 11), p. 8.

[13] Cf. Raphael Rosenberg, "Die Linie in der ästhetischen Theorie des 18. und 19. Jahrhunderts", in: *Freiheit der Linie, Von Obrist und dem Jugendstil zu Marc, Klee und Kirchner*, ed. by Erich Franz, Münster 2007, 28–31, here p. 28 . The remarks in the following are mainly based on Rosenberg.

[14] Following Rosenberg, this was pointed out in particular by Werner Busch, "Die Akademie zwischen autonomer Zeichnung und Handwerkerdesign – Zur Auffassung der Linie und der Zeichen im 18. Jahrhundert", in: Herbert Beck et al. (eds.), *Ideal und Wirklichkeit der bildenden Kunst im späten 18. Jahrhundert*, Berlin 1984, 177–192, esp. p. 187f.

[15] According to Sabine Mainberger, Goethe, Ruskin and Semper are also missing from the path from Hogarth to Kandinsky; cf. note 11. The connexion to Klee is established by Régine Bonnefoit, cf. Régine Bonnefoit, *Die Linientheorien von Paul Klee*, Petersberg 2009. The fact that line theory, in contrast to colour theory, is still a desideratum has often been mentioned, cf. for example Hubert Locher, *Kunstgeschichte als historische Theorie der Kunst 1750–1950*, Munich 2001.

[16] A comprehensive catalogue, which gives detailed information about the subject, was published to accompany the most recent exhibition on lines, *Linea. Vom Umriss zur Aktion. Die Kunst der Linien zwischen Antike und Gegenwart*. Cf. especially Matthias Haldermann, "Die zweigesichtige Linie. Von Butades bis Fischli/Weiss", in: *Linea. Vom Umriss zur Aktion. Die Kunst der Linien zwischen Antike und Gegenwart*, ed. by Matthias Haldermann (exhib. cat. Kunsthaus Zug), Ostfildern 2010, 14–33.

[17] László Moholy Nagy, *Abstract of an Artist*, New York 1947.

[18] *Linie und Form 1904* (see note 9), p. 3.

[19] Quote from the second section of Sarah Stein's notes, put to paper in 1908; she was close friends with Matisse and studied in his school. First published by Alfred Barr in: *Matisse. His Art and his Public*, New York 1951, p. 550ff.

[20] *ibid. p. 551*

[21] *Linie und Form 1904* (see note 9), p. 3.

[22] "Jean Cocteau, Modigliani", in: Werner Schmalenbach, *Amedeo Modigliani, Malerei, Skulpturen, Zeichnungen*, Frankfurt am Main 1992, p. 190.

[23] *Linie und Form 1904* (see note 9), p. 20f.

Die Linie befreien, die Diagonale befreien:
Jeder Musiker oder Maler hat das Ziel.

**Free the line, free the diagonal:
every musician or painter has this intention.**

Gilles Deleuze, Félix Guattari

**Die Rückkehr zur Wirklichkeit, zum Leben, zur Natur ist für den Maler wie für den Bildhauer gleich notwendig. Malerei und Plastik vereinigen sich zu einer einstigen Kunst: der Kunst der Zeichnung.**

**The return to reality, to life, to nature, is equally necessary for the painter and for the sculptor. Painting and sculpture unite to form a single art: the art of drawing.**

Auguste Rodin

**Wie entsteht Kunst?**
**... Aus Richtlinien – Vektoren, die Bewegung, Geschwindigkeit, Beschleunigung, Energie etc. darstellen – Linien, die bedeutende Winkel und Richtungen anzeigen und so ein oder mehrere Einheiten bilden.**

**How can art be realized?**
**... directional line—vectors which represent speeds, velocities, accelerations, forces, etc...—these directions making between them meaningful angles, and senses, together defining one big conclusion or many.**

Alexander Calder

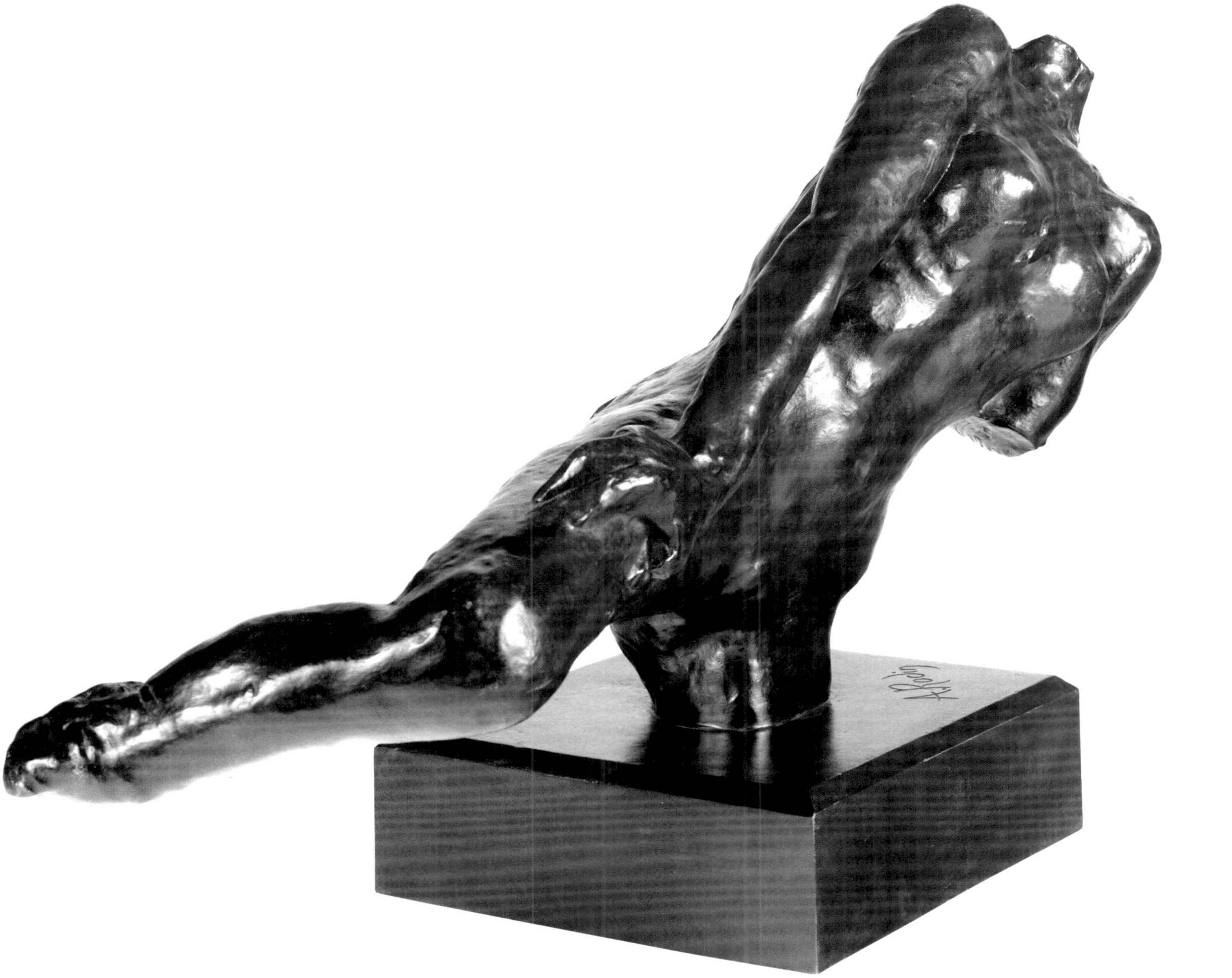

1 Auguste Rodin, Figure volante, 1890/91

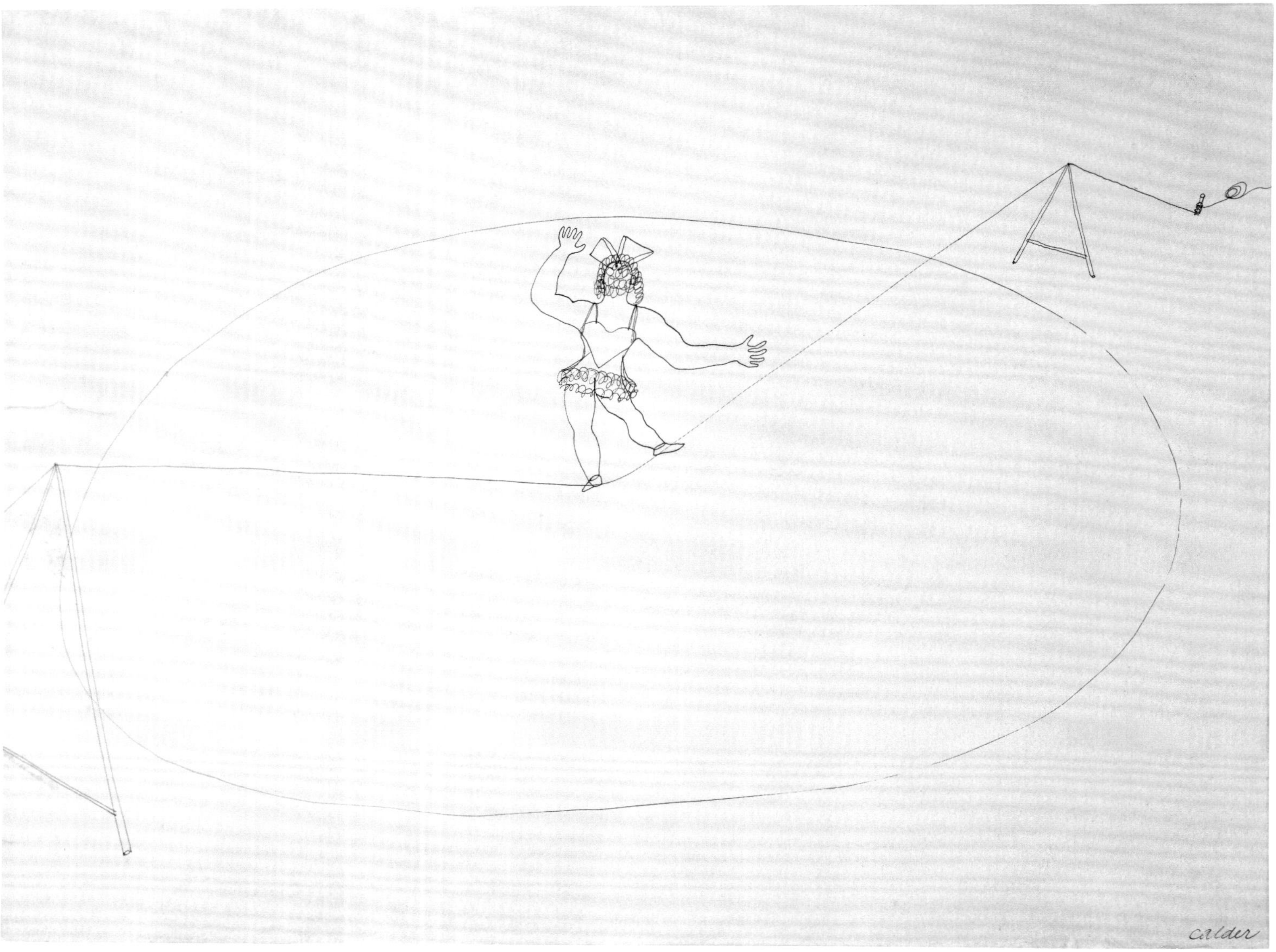


2 Alexander Calder, Balancing Woman, um/c. 1930–1932

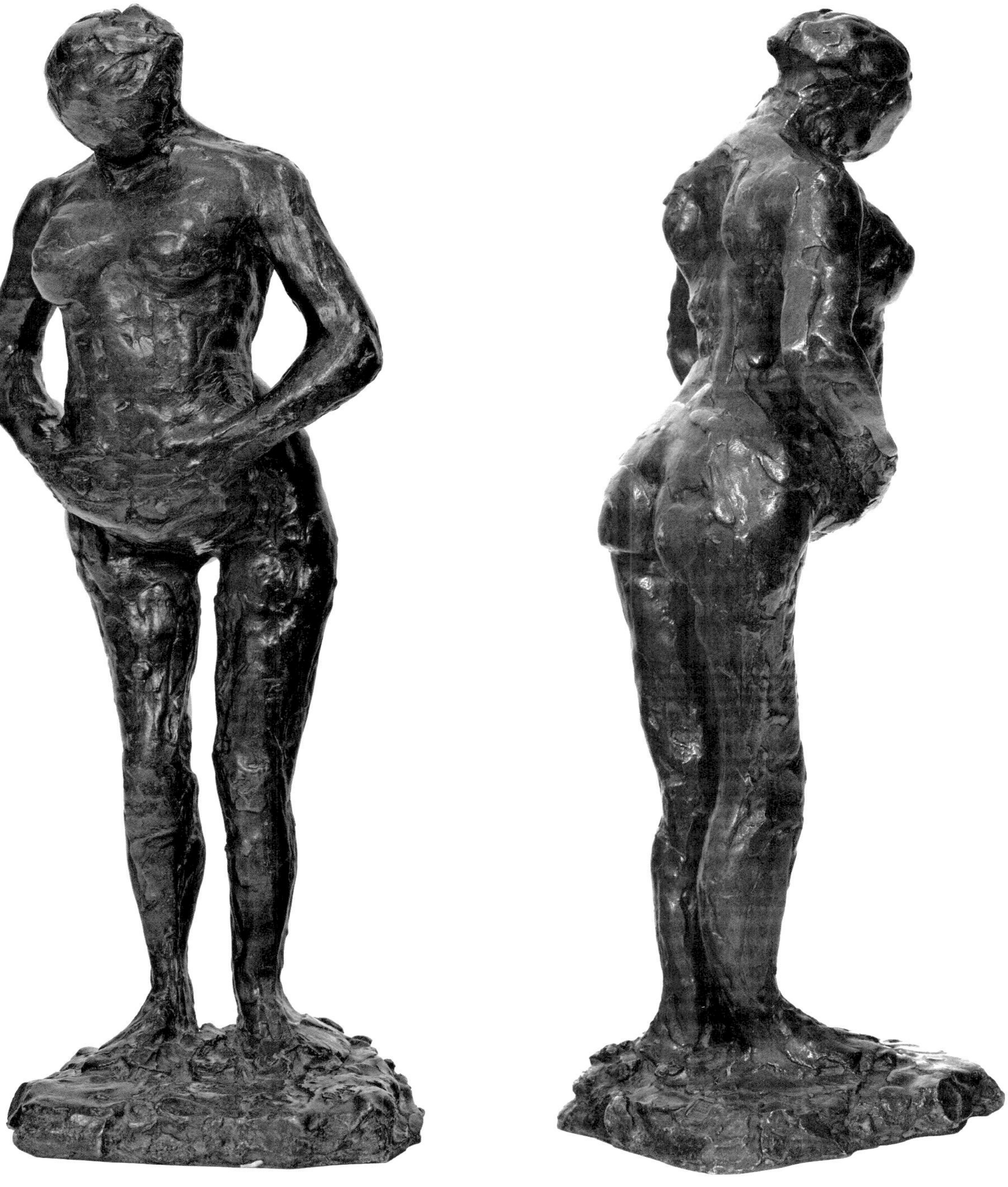

3 Edgar Degas, Femme enceinte, 1896–1911

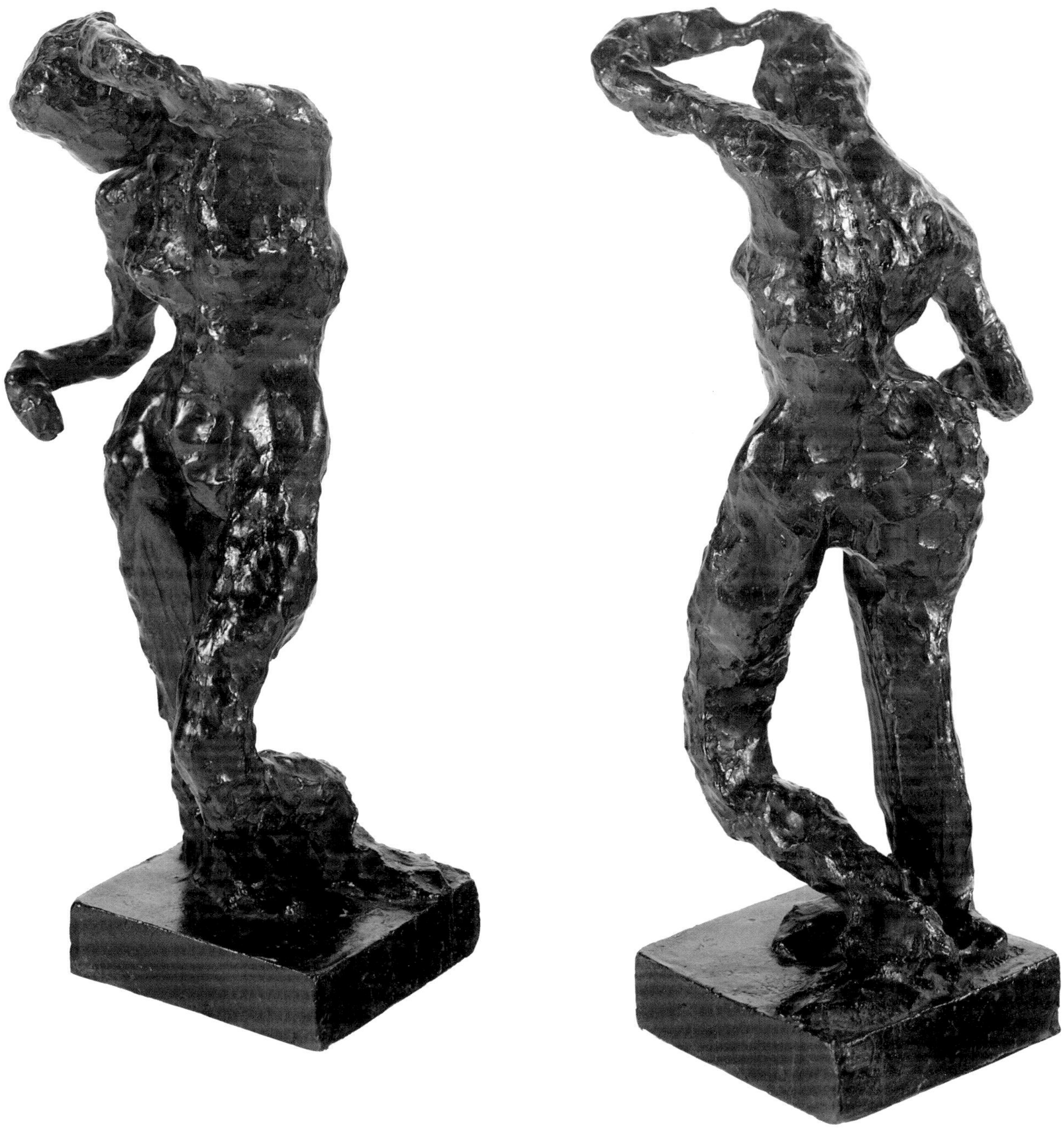

4 Henri Matisse, La danse, 1911

Die Linien sehen heißt: sie nachziehen.

**To see lines means to trace them.**

Paul Valéry über/on Edgar Degas

Lassen Sie keine Hohlräume entstehen, die den Gesamteindruck stören würden, wie zwischen Daumen und Fingern, wenn die Hand seitlich liegt. Drücken Sie sich durch einander entsprechende Massen aus und durch große, ineinandergreifende, geschwungene Linien. … Man kann sich die Arbeit einteilen, indem man Linien (Achsen) einander entgegenstellt. So gibt man den einzelnen Teilen ihre Richtung und baut den Körper in einer Weise auf, die seinen allgemeinen Charakter und zugleich auch seine Bewegung sehen lässt.

**Put in no holes that hurt the ensemble, as between thumb and fingers lying at the side. Express by masses in relation to one another, and large sweeps of line in interrelation. … One can divide one's work by opposing lines (axes) which give the direction of the parts and thus build up the body in a manner that at once suggests its general character and movement.**

Henri Matisse

Man muss stets dem Bestreben der Linie folgen, den Punkt suchen, wo sie beginnen oder sterben will. Und sich immer ihrer Quelle vergewissern; dies muss nach dem Modell geschehen.

**One must always seek the desire of the line, the point where it wants to enter or die. And also ensure oneself of its source; this must be done from the model.**

Henri Matisse

... die Linie umreißt eine aufgehaltene Flucht, stellt ein Gegengewicht zwischen Außen und Innen dar, legt sich um die Form, die der Gegenstand unter dem Druck der Außenkräfte annimmt, ... in wenigen Minuten wird es nur noch so groß wie eine Faust, wie ein Jivarokopf sein. Dabei ist nirgends die Grenze des Körpers markiert: bald läuft die plumpe Fleischmasse dunkel und geheimnisvoll in einem zerfließenden braunen Heiligenschein irgendwo unter dem Netzwerk der Kraftlinien aus – bald endet sie buchstäblich überhaupt nicht: die Umrisse des Armes oder der Hüfte verlieren sich in einem Lichtgeflimmer, das sie aufschluckt.

**... the line represents an arrested flight, marks a balance between exterior and interior, tightens round the form that the object adopts under the pressure of external forces; ... in a few minutes it will be no larger than a fist, like one of Jivahro's heads. The limit of the body is nowhere indicated, however: sometimes the heavy fleshy mass ends vaguely, surreptitiously, in an indistinct brown nimbus, somewhere beneath the tangle of lines of force – and sometimes it literally does not end: the contour of the arm or hip is lost in a dazzle of vanishing lines.**

Jean-Paul Sartre über/on Alberto Giacometti

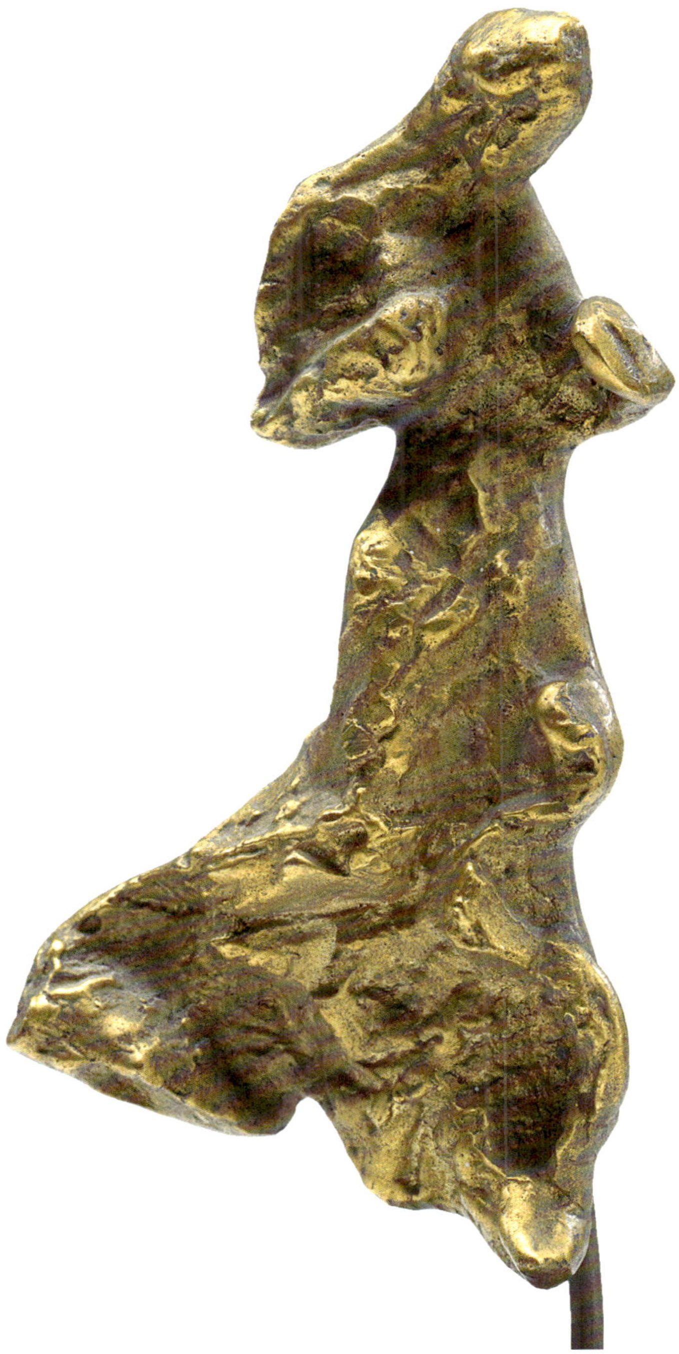

5  Alberto Giacometti, Femme debout, nicht datiert/undated

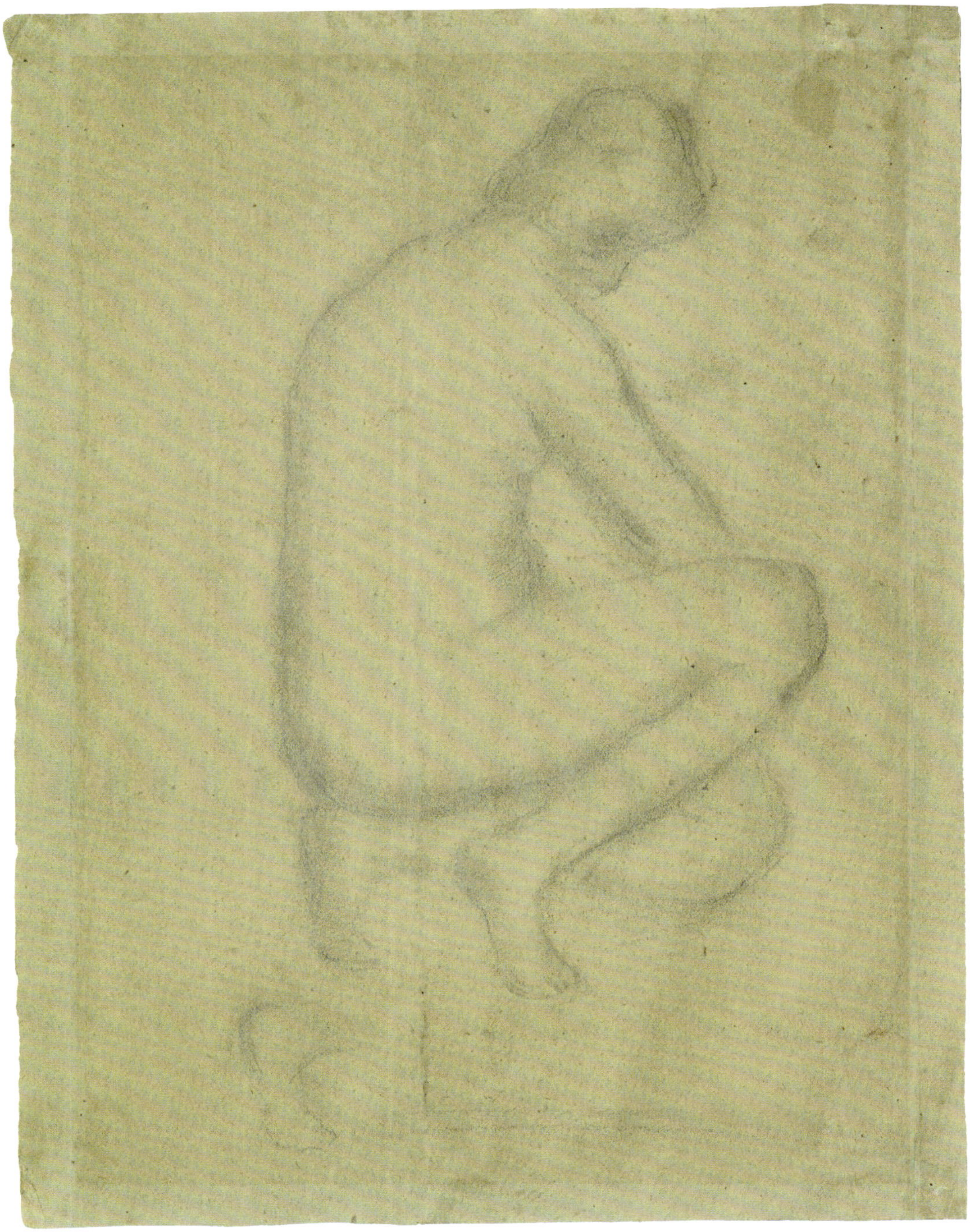

6 Aristide Maillol, Femme accroupie, nicht datiert/undated

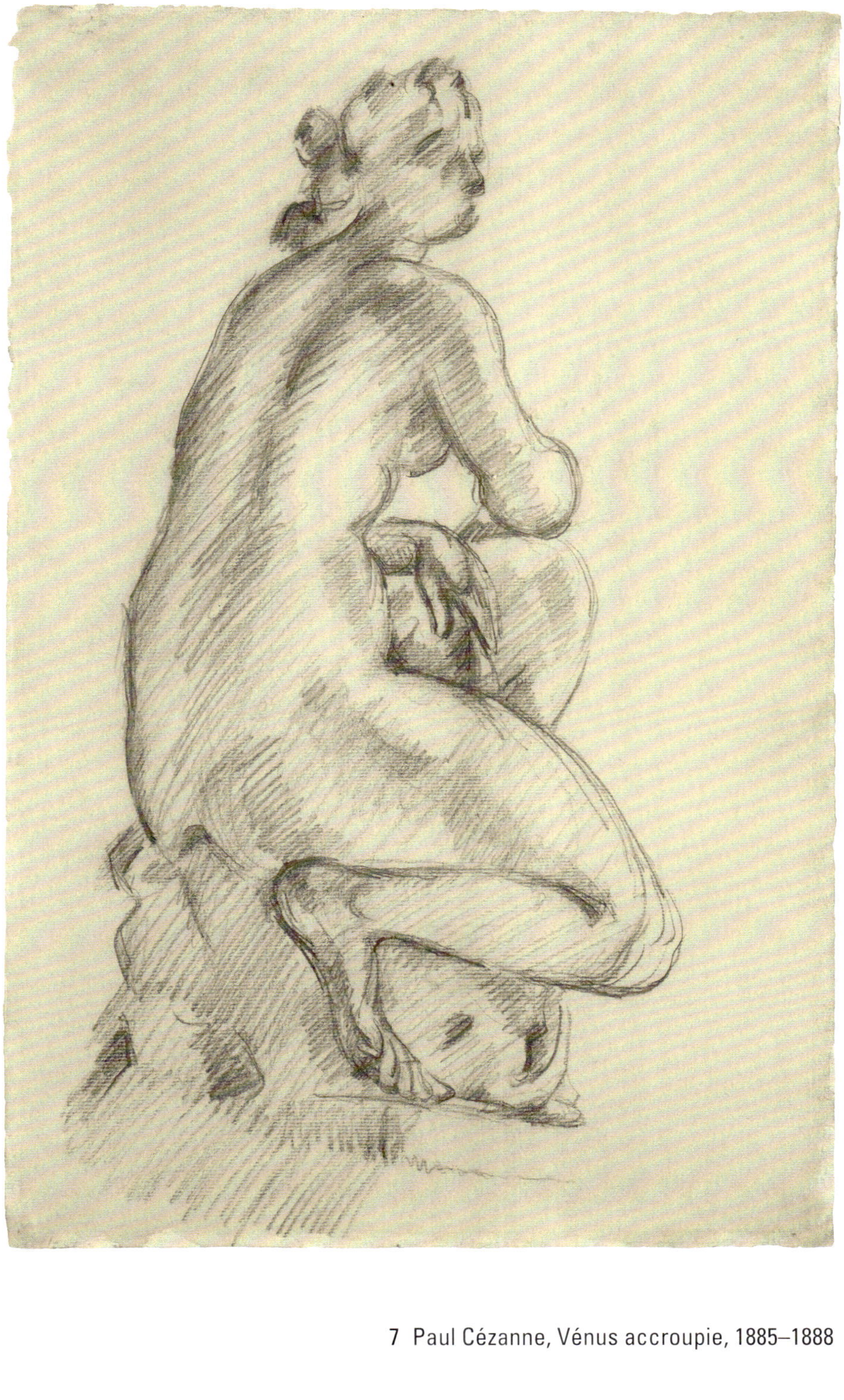

7 Paul Cézanne, Vénus accroupie, 1885–1888

... ich versuche, was Linie und Plan angeht,
bei den einfachsten Grundbegriffen zu bleiben.
Das ist nicht leicht, die Natur ist wechselnd und veränderlich.

**I confine myself to the simplest lines and planes.
This is not easy, for nature is mobile and changing.**

Aristide Maillol

Zeichnen Sie; doch ist es der Reflex, der umhüllt,
das Licht ist, durch den allgemeinen Reflex, die Umhüllung.

**Draw, but [remember that] it's the light-reflection that is enveloping;
light, by the general reflection, is the envelope.**

Paul Cézanne

Linie – ein umkreister Gedanke – Grundlage einer sich formenden Gestalt,
einer heranwachsenden Erscheinung.

**Line, an encircled thought, the basis of a figure taking shape.**

Josef Kaiser

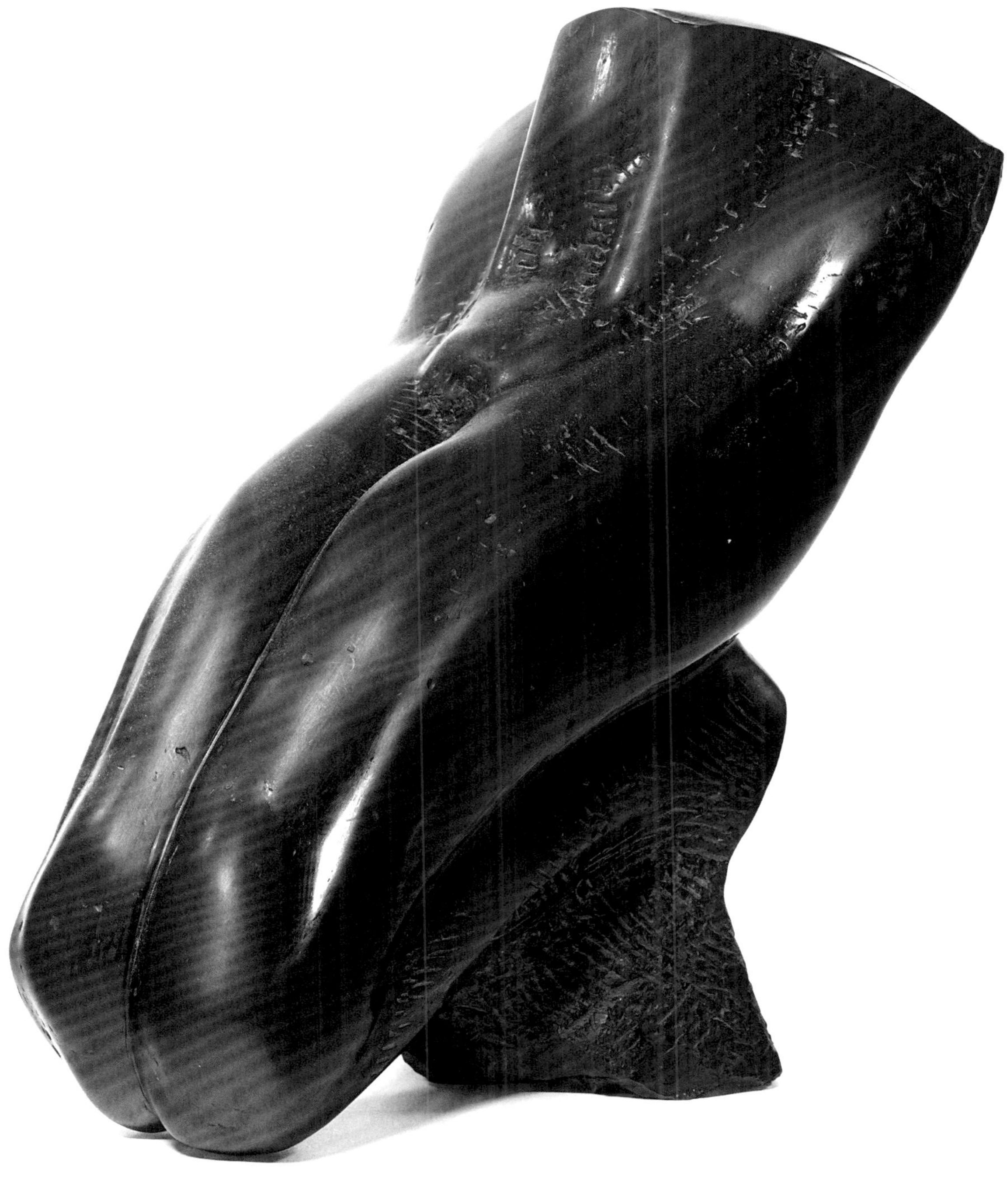

8 Josef Kaiser, Kniende, 1985

**Wie Wolken fließen die Gestalten der Welt ineinander.
Je inniger sie sich vereinigen, umso näher sind sie dem Wesen der Welt.
Wenn das Körperliche vergeht, erstrahlt das Wesentliche.**

**The shapes of the world flow into each other like clouds.
The more intimately they unite, the closer they are to the essence of the world. When the corporeal is gone, the essential shines out.**

Jean (Hans) Arp

**Alle wesentlichen Formen sind da, und sie wären nicht mehr da, wenn ich die Arbeit dem äußeren Anschein nach mehr vollendete. das Polieren und Überpolieren der Fußnägel und der Haarlocken würde die Hauptidee, die große Linie, die Seele dessen, was ich habe sagen wollen, verderben.**

**All the essential forms are there, and they would no longer be there if I perfected the outward appearance of the work.
The polishing and overpolishing of the toenails and locks of hair would ruin the main idea, the grand line, the soul of what I wanted to say.**

Auguste Rodin

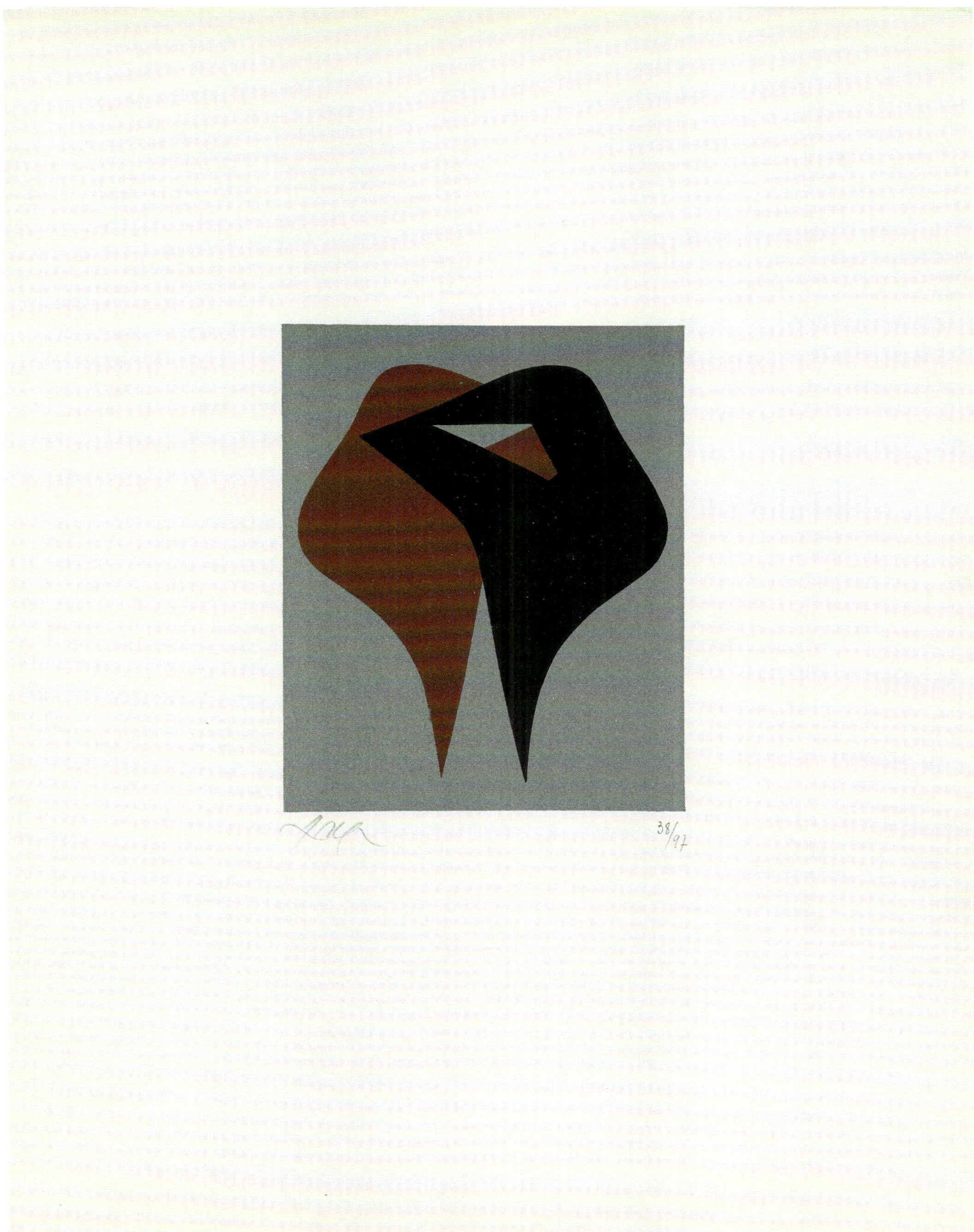

9 Jean (Hans) Arp, Arthur Rimbaud, 1962

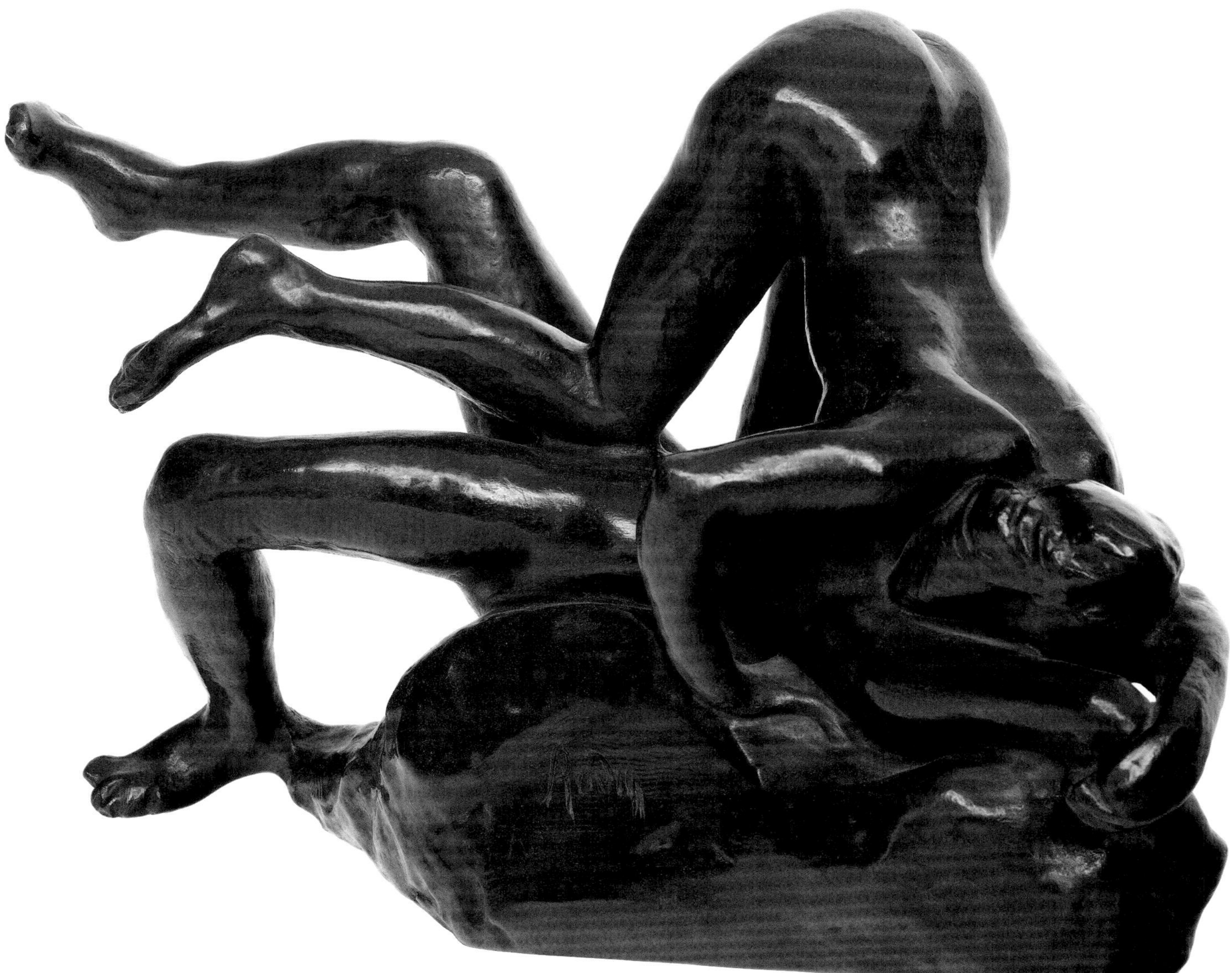

10 Auguste Rodin, Femmes damnées, 1885–1890

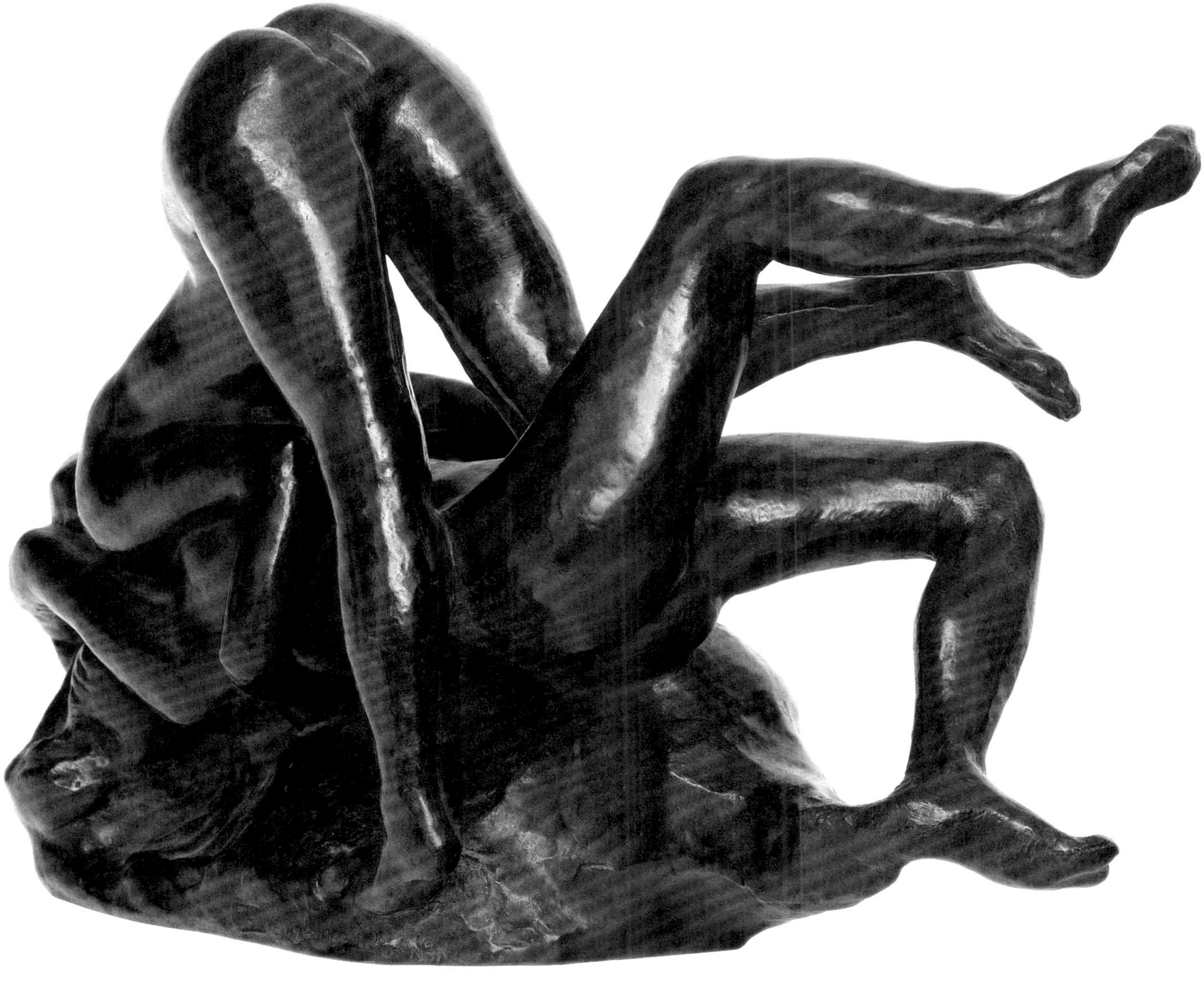

Von dieser Zeit an nahm ich wahr, dass den Linien eine über mich
hinausgehende Kraft innewohnen kann und dass ich –
wenn ich ihrer Herr bleiben will, darauf achten muss,
ihren Gebrauch nicht zu übertreiben.
Das half mir meine Arbeit zu vereinfachen.
Je weniger Linien, desto weniger Möglichkeiten der Verwirrung.

**From that time on I observed that lines could have a power beyond me, and that, if I wished to control them, I had to be careful not to use them to excess. This helped me to simplify my work. The fewer the lines, the less the opportunity for confusion.**

László Moholy-Nagy

Ein Mädchen kniet. Ihr schöner Leib hat sich sanft zurückgelehnt.
Ihr rechter Arm hat sich nach hinten gestreckt,
und ihre Hand hat tastend den Fuß gefunden.
In diesen drei Linien, aus denen kein Weg hinausführt in die Welt,
schließt sich ihr Leben mit seinen Geheimnissen ein.

**A girl kneels. Her beautiful body has gently leaned backwards. Her right arm has stretched backwards, and her hand, feeling, has found her foot. In these three lines, from which no way leads out into the world, her life with its secrets is enclosed.**

Rainer Maria Rilke über/on August Rodin

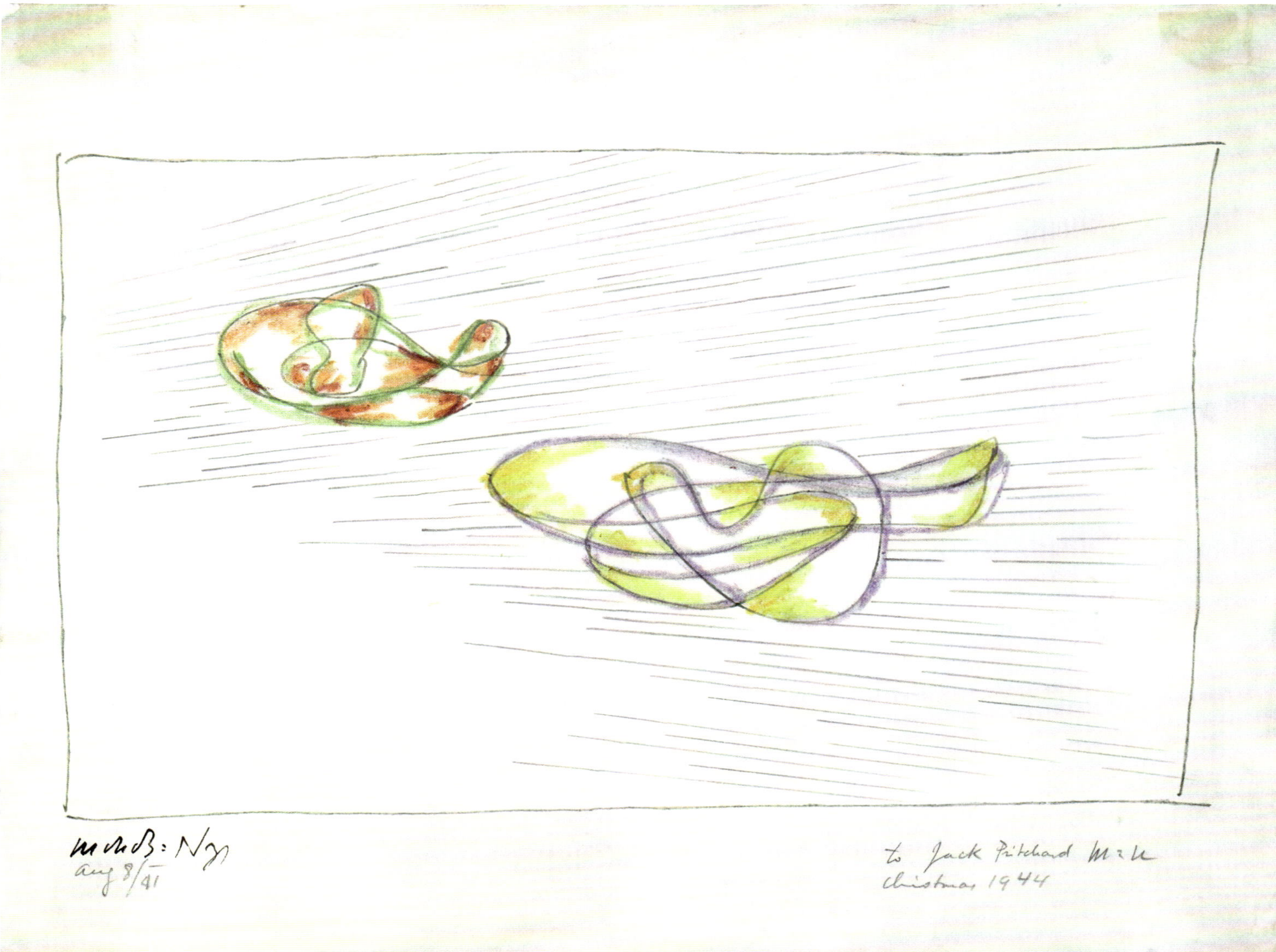


11 László Moholy-Nagy, Composition, 1941

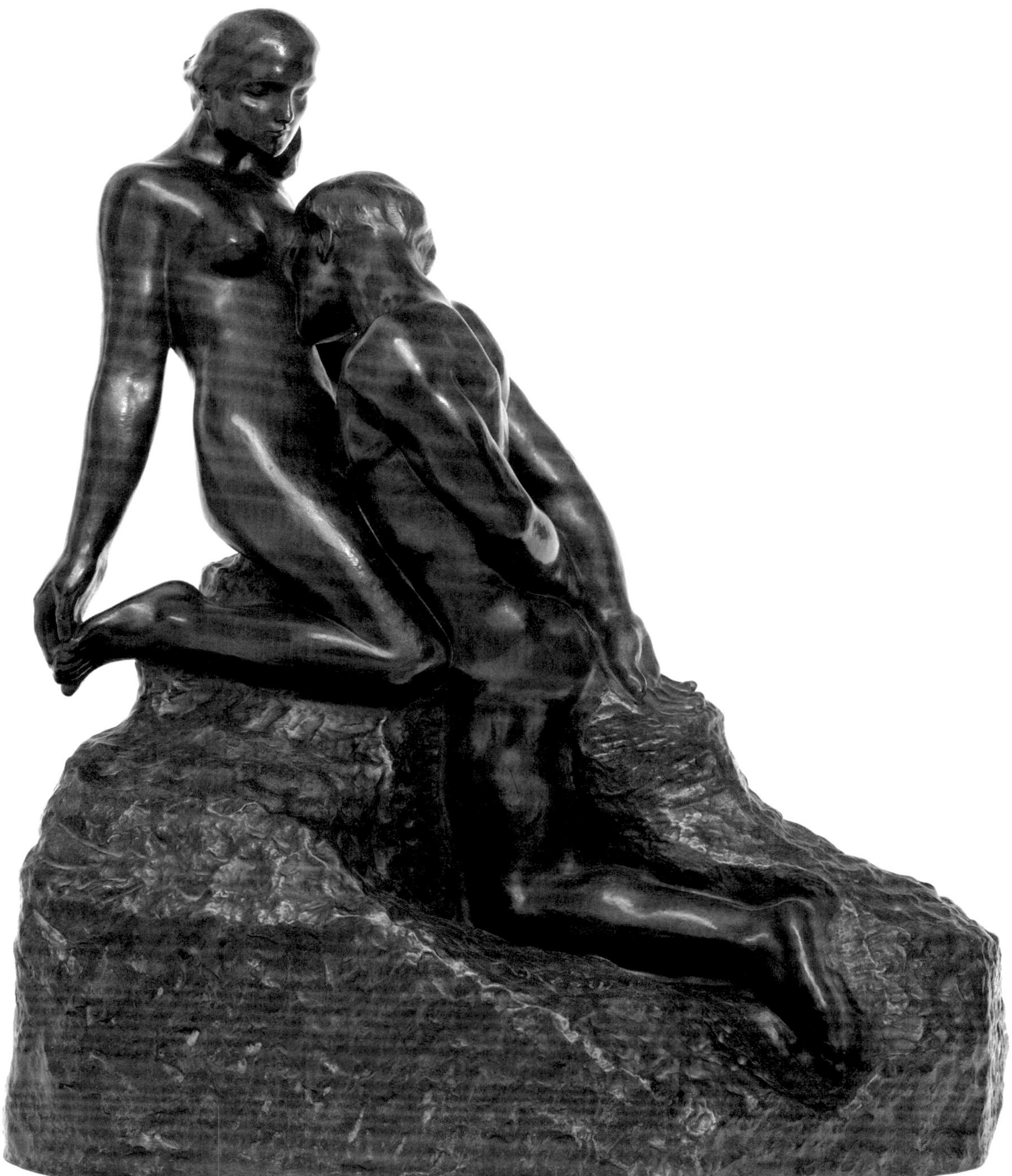

12 Auguste Rodin, L'éternelle idole, 1893

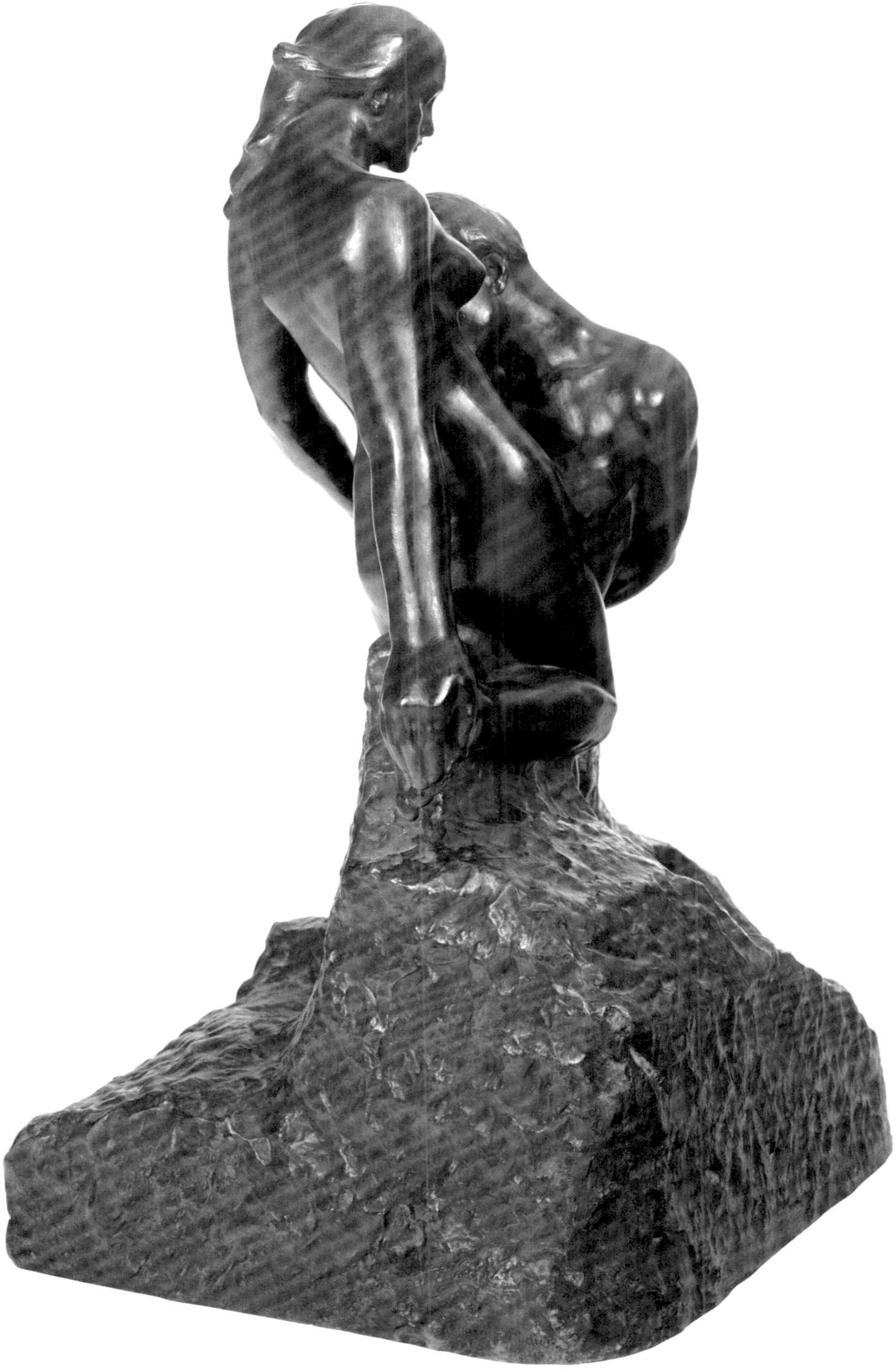

**Was meine eigene Arbeit angeht, beginne ich manchmal zu zeichnen,
ohne dass ich ein vorgefasstes Problem lösen möchte.
Mich erfüllt nur der Wunsch, mit dem Stift auf Papier zu arbeiten,
Linien zu ziehen, Farben und Formen zu malen, ohne Vorsatz;
doch wenn ich erkenne, was ich auf diese Art gemacht habe,
kommt der Punkt, wo sich eine Idee zeigt
und schließlich Kontrolle und Ordnung die Überhand gewinnen.**

**As far as my own experience is concerned, I sometimes begin a drawing
with no preconceived problem to solve,
with only the desire to use pencil on paper, and make lines,
tones, and shapes with no conscious aim;
but as my mind takes in what is so produced, a point arrives,
where some idea becomes conscious and crystallises,
and then a control and ordering begin to take place.**

Henry Moore

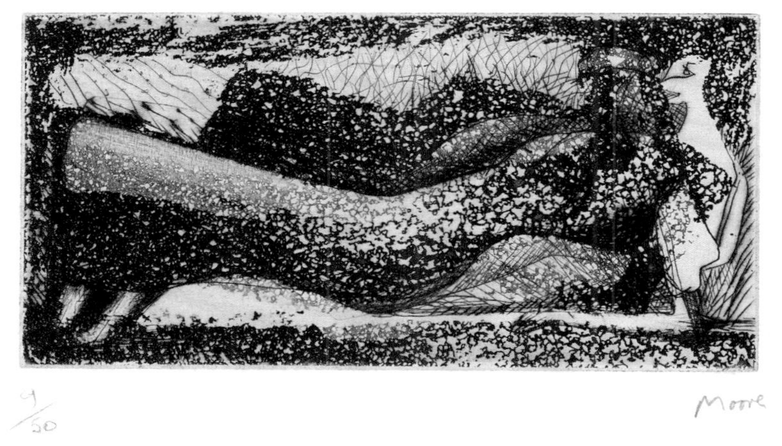

13 Henry Moore, Reclining Figure, 1951–1966

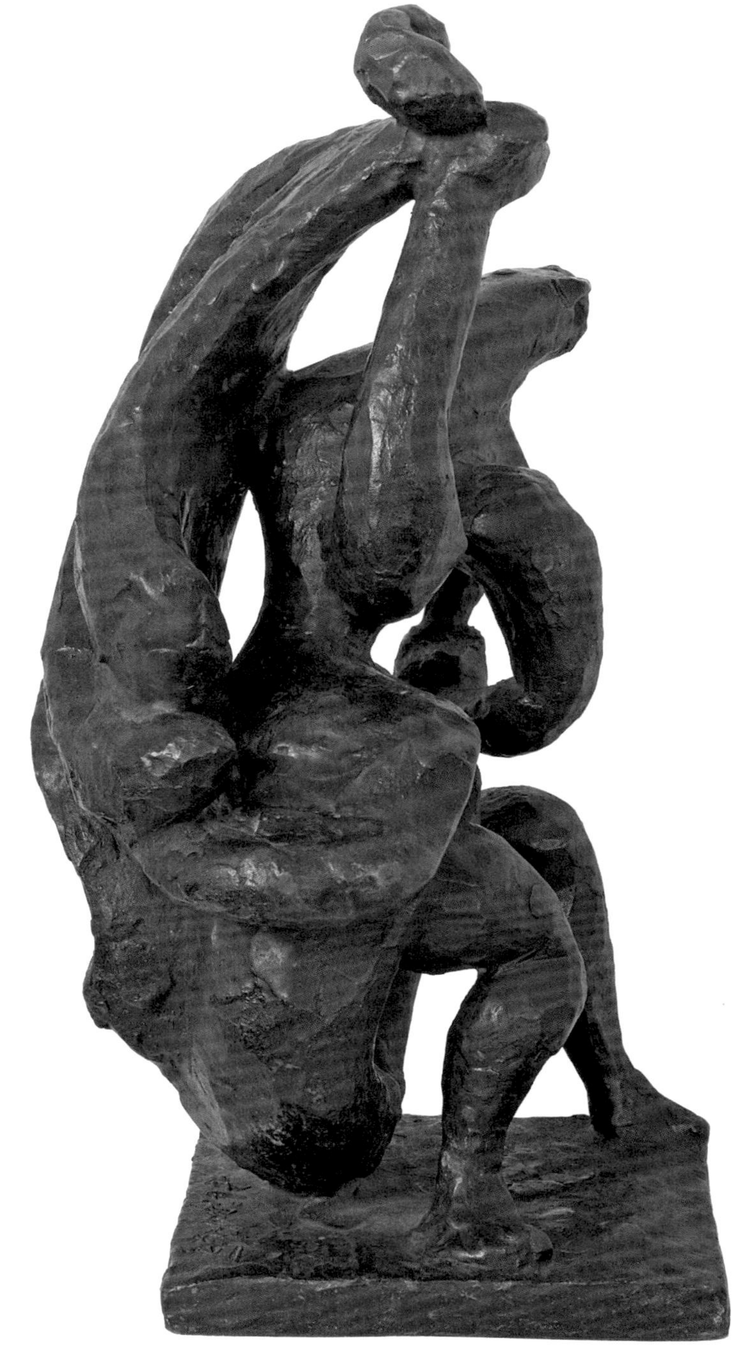

14 Jacques Lipchitz, Danseuse aux voiles, 1947/48

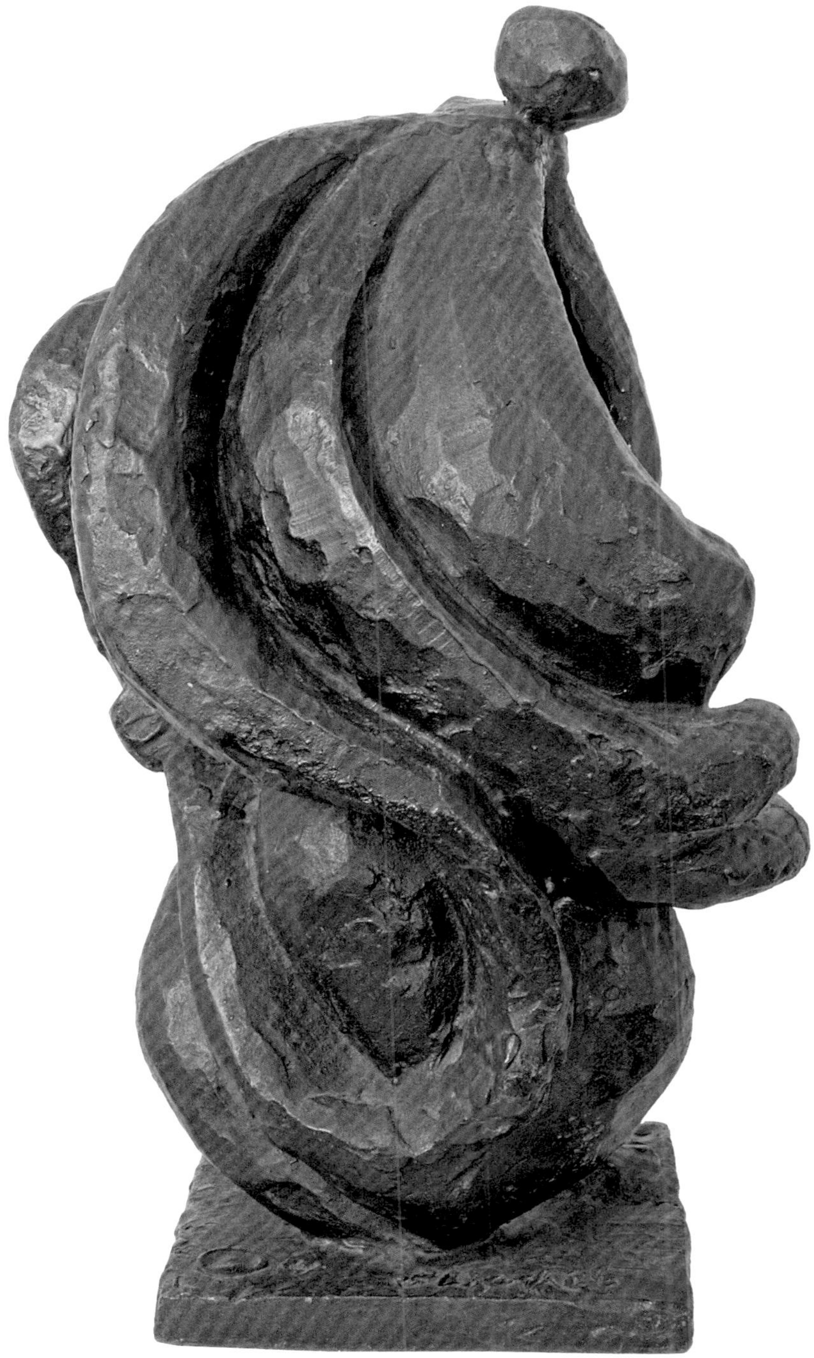

Ich denke, die Seitenansicht mit ihrer Komplexität an verschiedenen Formen ist besonders interessant. Manchmal sehe ich dann in gewisser Weise ein seltsames, fantastisches Tier. Dieses Gefühl für Prallheit und Fülle in meiner Skulptur ist für mich sehr wichtig.

I think the side view with its complex of different shapes is particularly interesting. At times this view suggests to me some sort of strange beast of the imagination.
This feeling for fullness in my sculpture is very important to me.

Jacques Lipchitz

Es versteht sich von selbst, daß Umwelt und zeitgenössische Ereignisse den Maler unaufhörlich beeinflussen. Wenn das Drama des schöpferischen Menschen nicht offen dargelegt wird, ist das Spiel der Linien und Farben nichts anderes als ein bürgerliches Vergnügen. Die Formen, die das der Gesellschaft zugehörige Einzelwesen ausdrückt, müssen die Bewegung einer Seele kundgeben, die der gegenwärtigen Wirklichkeit entweichen möchte, müssen sich dann einer neuen Wirklichkeit nähern und schließlich den andern Menschen eine Möglichkeit bieten, sich zu erheben. Wieviel Schutt ist wegzukehren, um eine bewohnbare Welt zu entdecken!

The outer world, the world of contemporary events, always has an influence on the painter – that goes without saying. If the interplay of lines and colors does not expose the inner drama of the creator, then it is nothing more than bourgeois entertainment. The forms expressed by an individual who is part of society must reveal the movement of a soul trying to escape the reality of the present, which is particularly ignoble today, in order to approach new realities, to offer other men the possibility of rising above the present. In order to discover a livable world – how much rottenness must be swept away!

Joan Miró

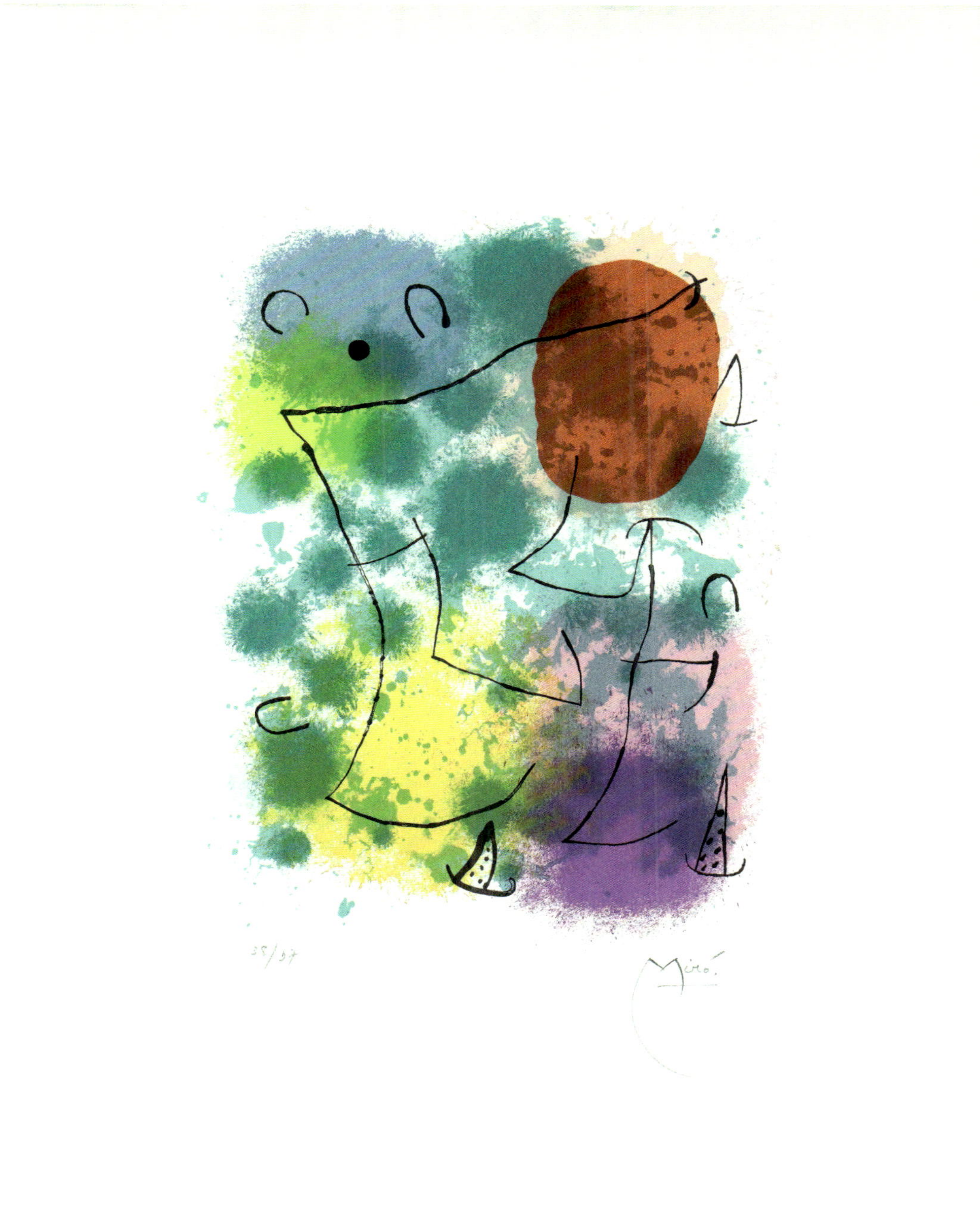

15 Joan Miró, Hommage à Rimbaud, 1962

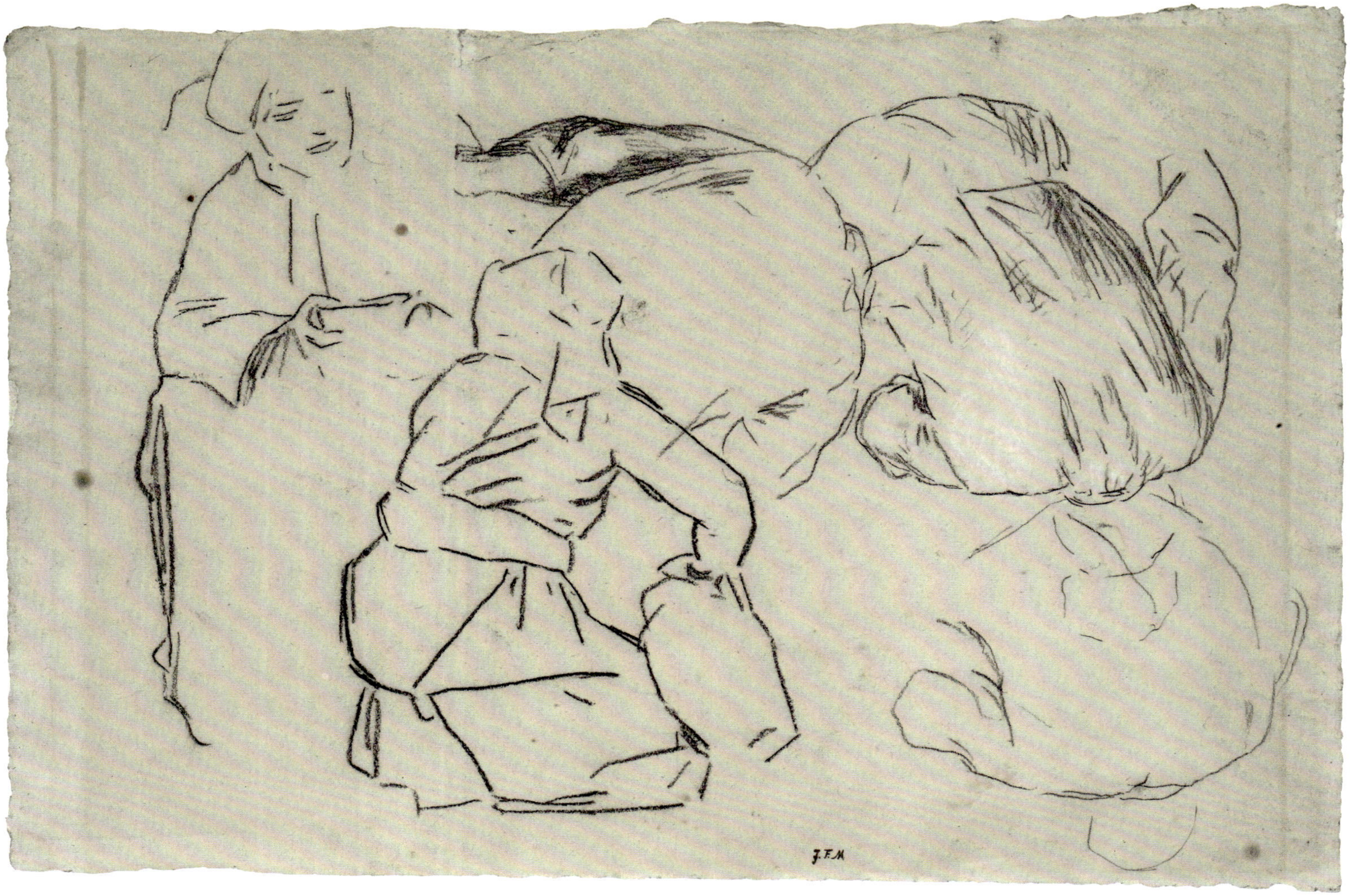

16 Jean-François Millet, Études pour »Le repos des moissoneurs (Ruth et Boaz)«, 1850–1853

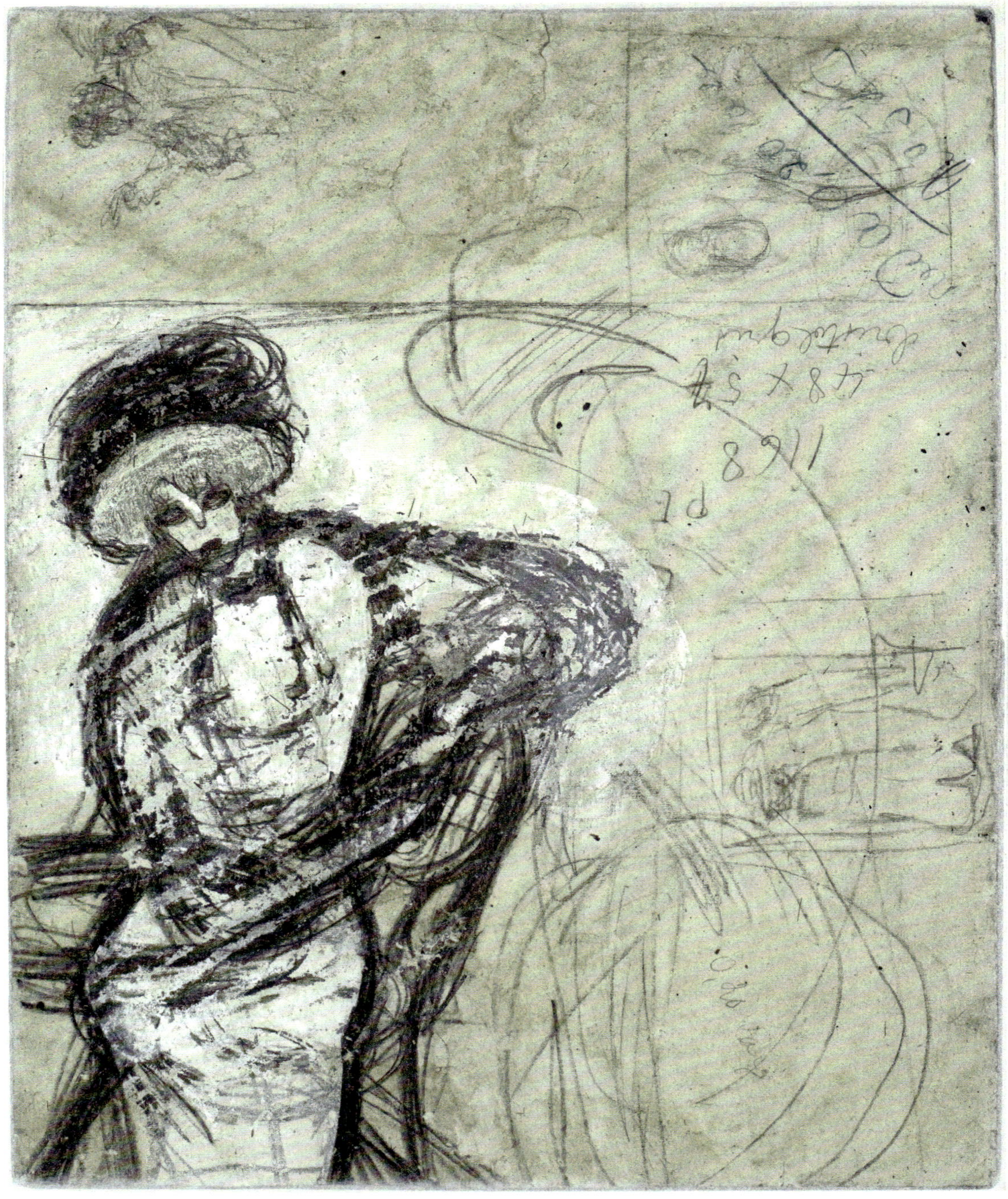

17 Juan Gris, Unbetitelt/Untitled, nicht datiert/undated

... eine besondere Robustheit, eine seltene Fertigkeit der Linie und der Disposition, eine hinsichtlich der Details kluge Opferbereitschaft, eine Einfachheit in der Lokalfarbe, die diesen Bauerntrampeln man weiß nicht was von Meisterhaftigkeit und Stolz verleiht; einige dieser schlafenden Tölpel besitzen die Gestalt der Florentiner und die Haltung der Statuen Michelangelos.

... a singular robustness of line, a rare science of line and construction, an intelligent sacrifice of detail and a simplicity of local tone that gives these peasants something masterful and proud; some of these reclining oafs have a Florentine bearing about them, the air of statues by Michelangelo.

Théophile Gautier über/on Jean-François Millet

Die, welche an die abstrakte Malerei glauben, sind wie Weber, die denken, ein Gewebe herstellen zu können mit nur einem Satz Fäden, und die vergessen, daß ein anderer Satz Fäden nötig ist, um jene zusammenzuhalten. Wenn kein Versuch zu Gestaltung unternommen wird, wie soll man die Freiheit der Darstellung kontrollieren?

Those who believe in abstract painting are like weavers who think they can produce a material with only one art of threads and forget that there has to be another art to hold them together. Where there is no attempt at plasticity how can you control representational liberties?“

Juan Gris

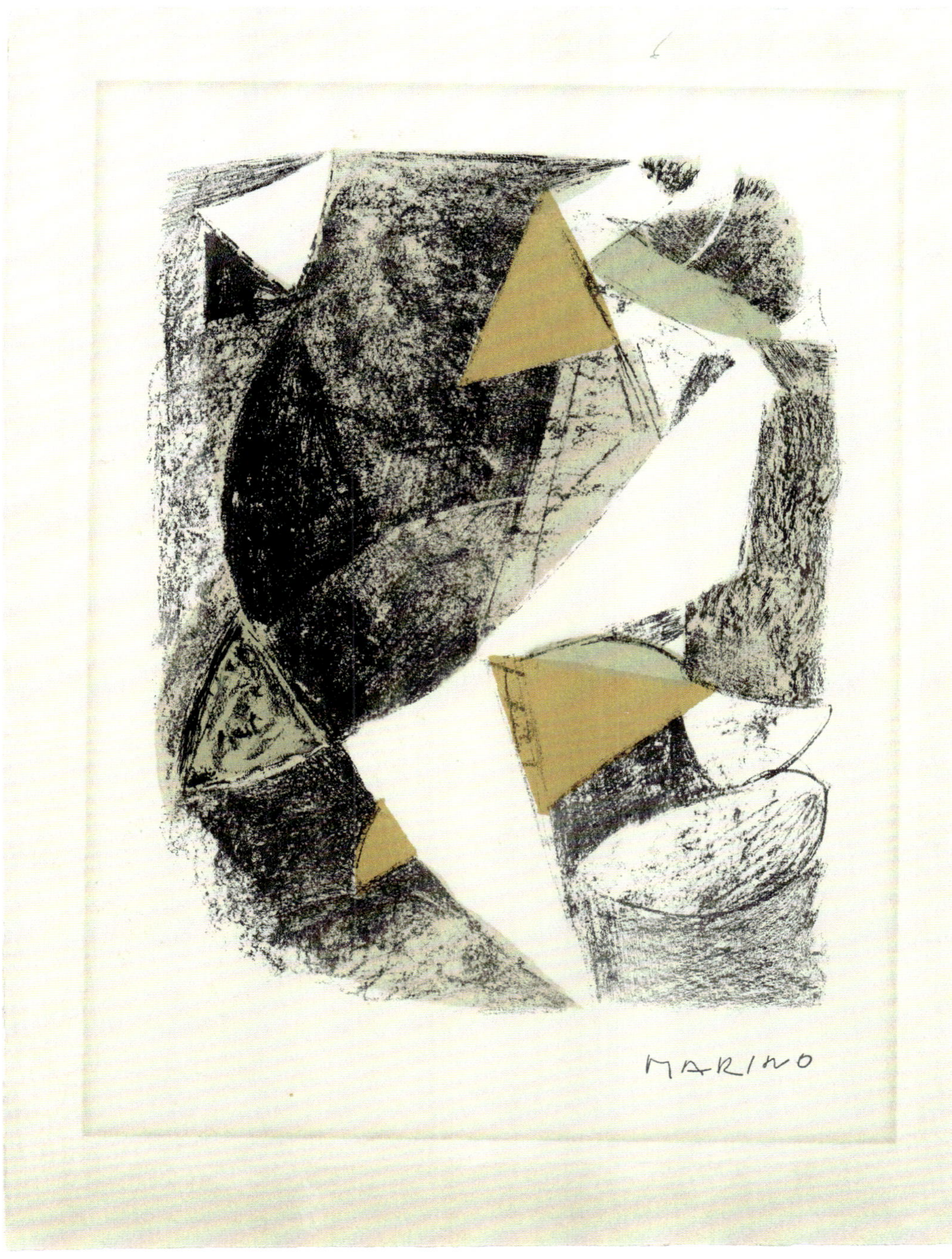


18 Marino Marini, Unbetitelt/Untitled, 1963

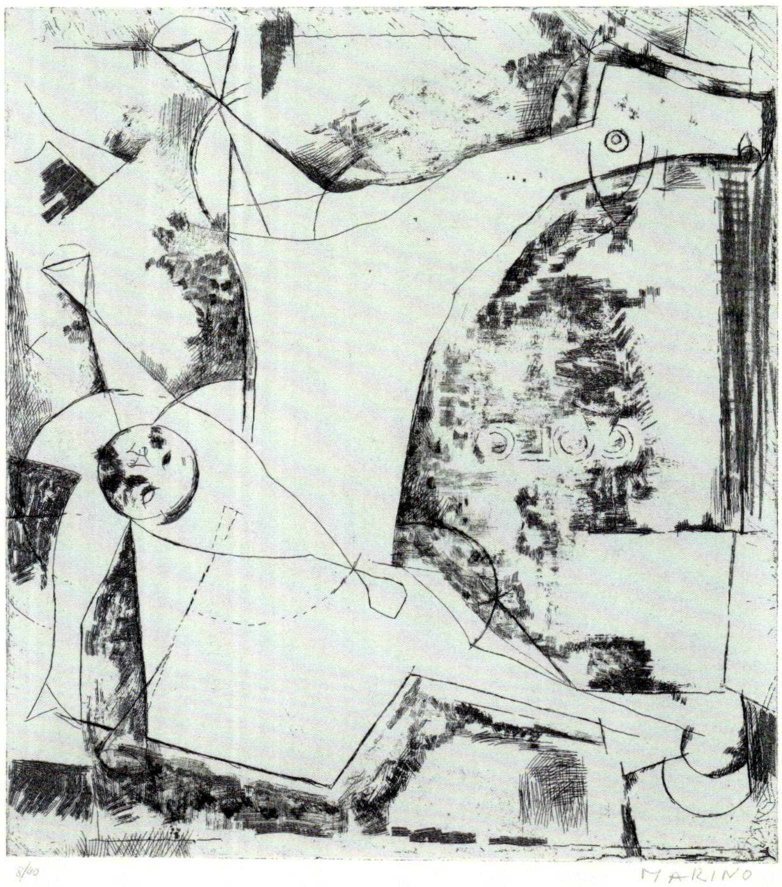


19 Marino Marini, Allucinazione, 1970

Dank seiner Art, durch die Fantasie zu sehen, scheinen die Zeichnungen, die er häuft, bisweilen wie Traumarabesken. Im Dickicht der Hieroglyphen findet er oft sein Thema, das gleichsam aus der Ferne aufsteigt.
In dichtem Gewebe ballt er Architektur aus Gliedern; kraftvolle Einzelheiten brechen daraus hervor; das Gerüst ist präzis: Rhythmus und Feingefühl unterteilen die gedrängte Wucht von instinktiver und abgewogener Farbe, die, besonders seit er modelliert, ruhig und verinnerlicht geworden ist.

**Thanks to his way of using his imagination to see, the drawings that he amasses sometimes seem like dream arabesques. He often finds his subject, which rises, as it were from a distance, in the undergrowth of hieroglyphs. In the dense texture he concentrates architecture from individual elements; vigorous units break out from it; the framework is precise: rhythm and sensitivity subdivide the compacted force of instinctive and measured colour, which, especially since he has been modelling, has become quiet and internalized.**

Egle Marini über/on Marino Marini

Der Mensch schreitet geradeaus, weil er ein Ziel hat;
er weiß, wohin er geht, er hat sich für eine Richtung
entschieden und schreitet in ihr geradeaus.
Der Esel der geht im Zickzack, döst ein wenig,
blöde vor Hitze und zerstreut, geht im Zickzack,
um den großen Steinen auszuweichen,
um sich den Anstieg sanfter zu machen,
um den Schatten zu suchen.

**Man walks in a straight line because he has a goal**
**and knows where he is going; he has made up his mind to reach**
**some particular place and he goes straight to it.**
**The pack-donkey meanders along, meditates a little in his scatter-brained**
**and distracted fashion, he zigzags in order to avoid the larger stones,**
**or to ease the climb, or to gain a little shade;**
**he takes the line of least resistance.**

Le Corbusier

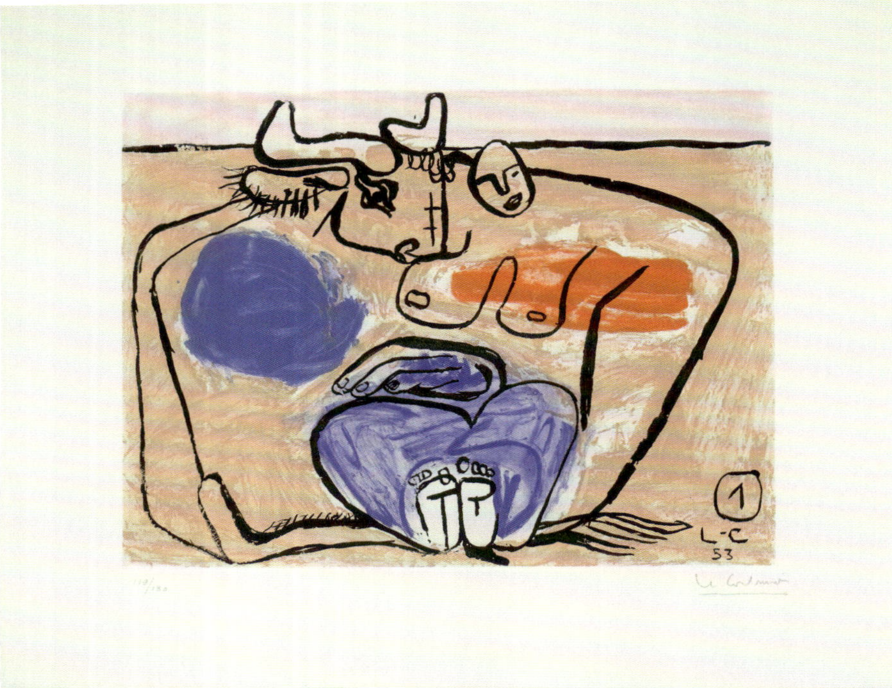

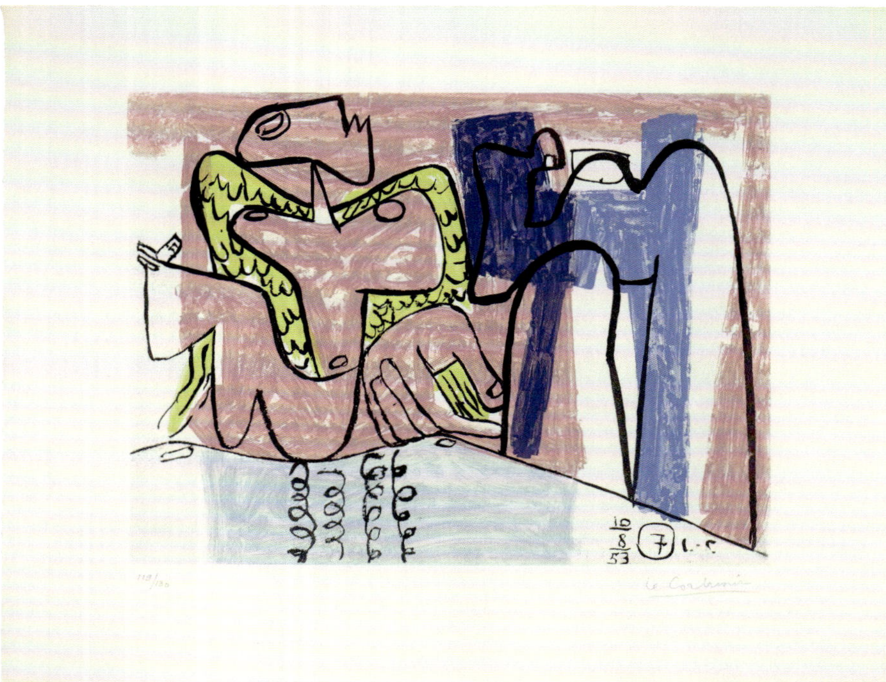

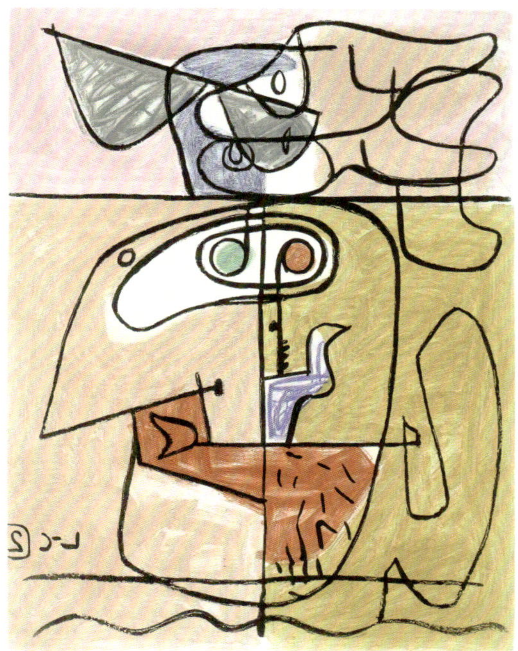

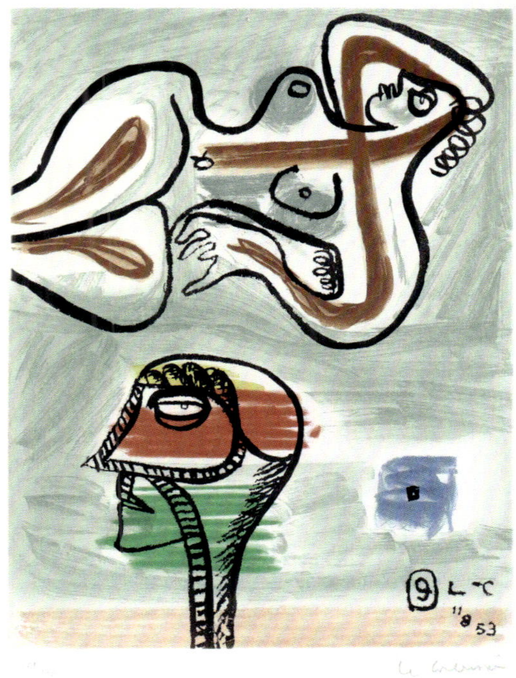

20–23 Le Corbusier, Unité, 1965 (Blatt/Sheets 1, 2, 7 und/and 9)

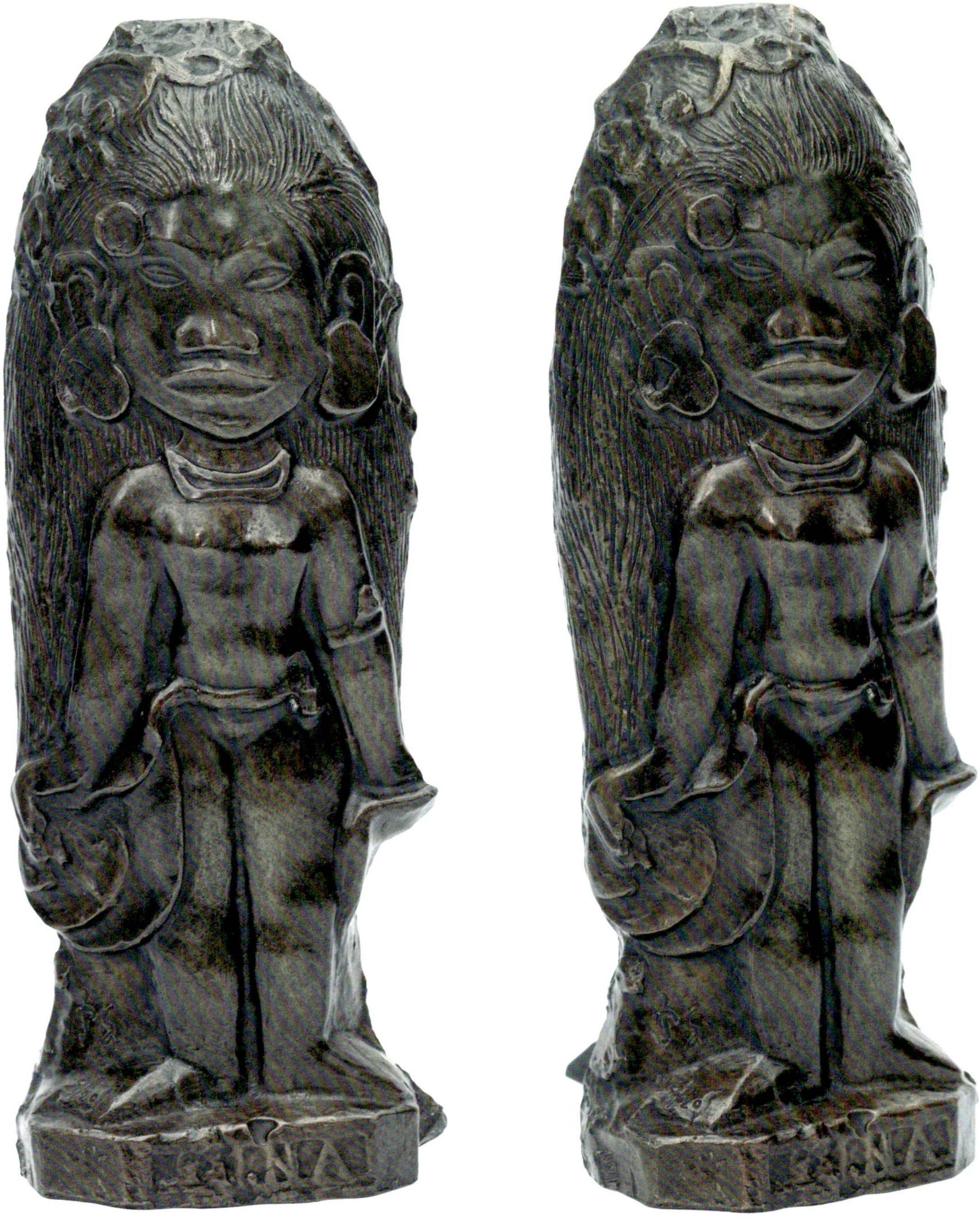

24 Paul Gauguin, Hina, nicht datiert/undated

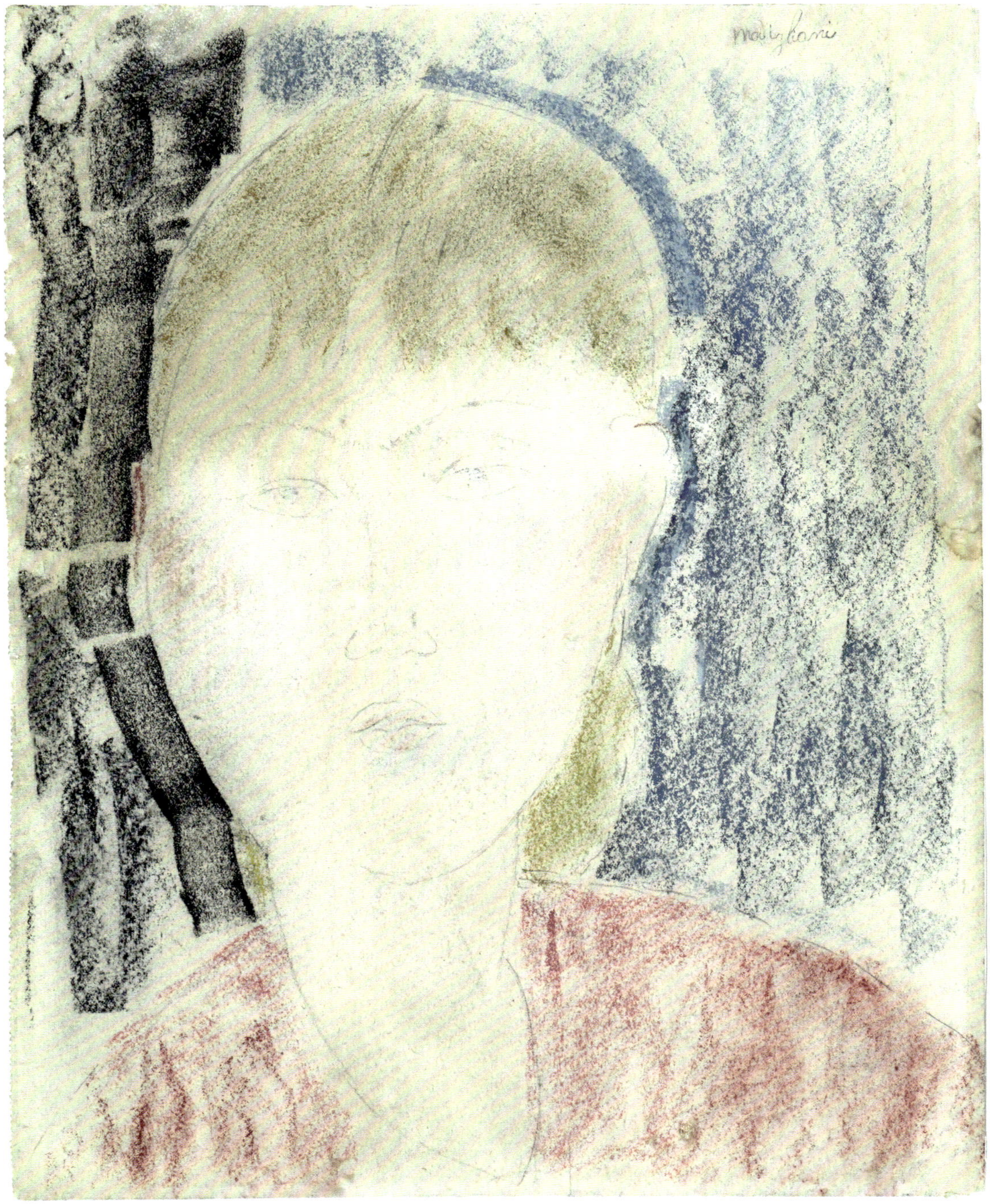


25 Amedeo Modigliani, Le corsage rose, 1913–1917

Bei den Frauen des Orients und besonders bei den Frauen der Maori bildet das Bein von der Hüfte bis zum Fuß eine hübsche grade Linie. Der Oberschenkel ist zwar sehr stark, doch nicht üppig, sondern eher rund und es entsteht nicht dieser Abstand, der die Beine unserer einheimischen Frauen aussehen lässt wie ein Paar Pinzetten.

**In the Oriental and especially the Maori woman, the leg from hip to foot offers a pretty, straight line. The thigh is very heavy, but not wide, which makes it round and avoids that spreading which gives to so many women in our country the appearance of a pair of tongs."**

Paul Gauguin

Die Porträts von Modigliani, sogar seine Selbstbildnisse, sind nicht Spiegel seiner äußeren, sondern seiner inneren Linie, seiner noblen Anmut, die ebenso fein und durchdringend, schlank und gefährlich ist wie das Horn des Einhorns.

**Modigliani's portraits, even his self-portraits, reflect his internal, not external, line: his noble, keen, slender, dangerous grace, like a horn of a unicorn.**

Jean Cocteau über/on Amedeo Modigliani

Ein Rot ist kein Rot – eine Linie ist keine Linie – ein Volumen ist kein Volumen, das alles ist widersprüchlich, ein bodenloser Abgrund, in dem man sich verliert. Und dennoch wollte er vielleicht nur ein wenig die Erscheinung der Dinge fixieren, wunderbare Erscheinung, lockende und unbekannte, von allem, was ihn umgab

**A red is not a red, a line is not a line, a volume is not a volume; everything is contradictory, a bottomless pit in which one can founder. Yet, moreover, he only wanted to pin down some small part of the appearance of things, the wonderful, appealing and unknown appearance of what surrounds us.**

Alberto Giacometti über/on André Derain

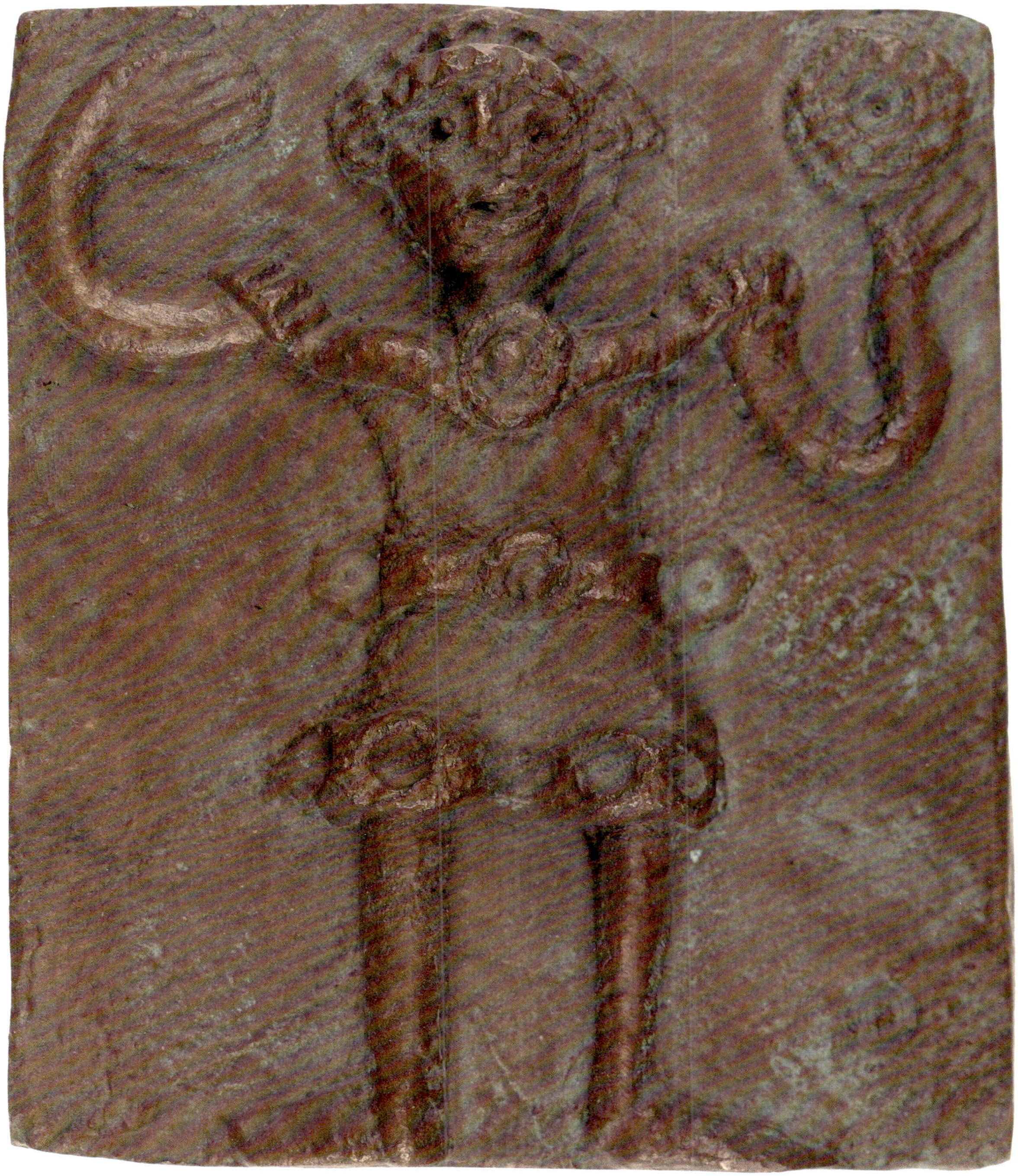

26 André Derain, Le Jongleur, nach/after 1938

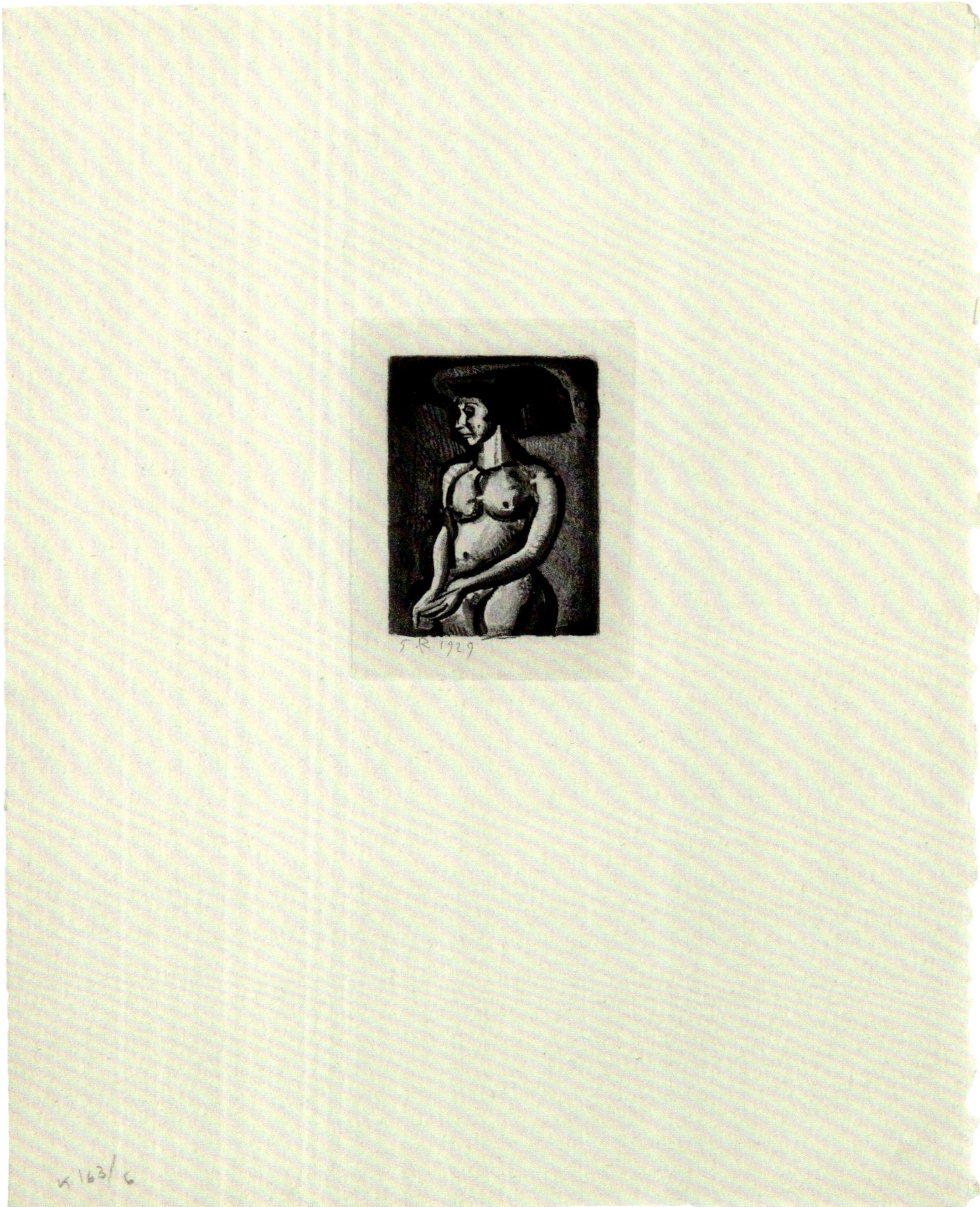

27 Georges Rouault, Fille au grand chapeau, 1929

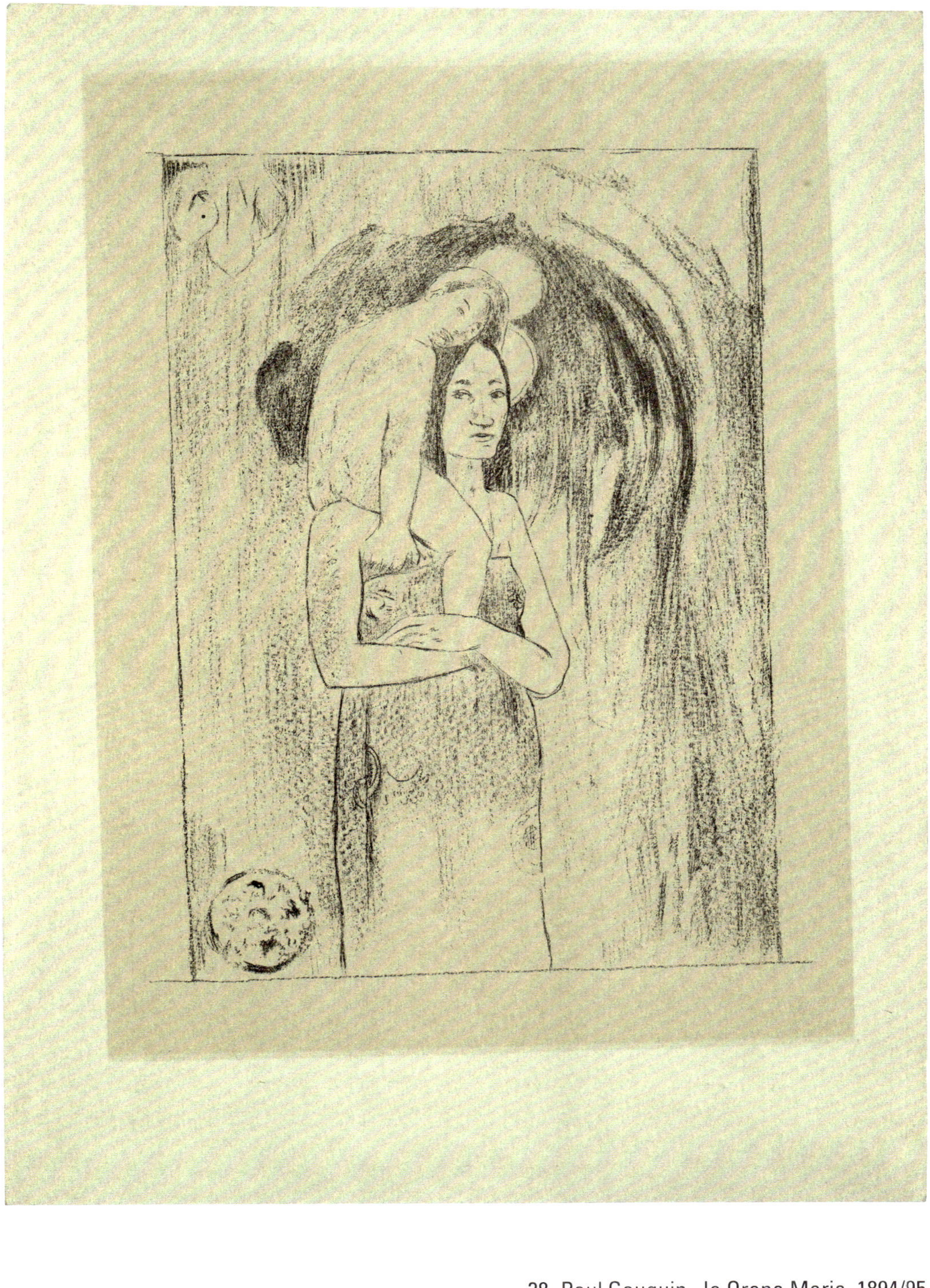

28 Paul Gauguin, Ja Orana Maria, 1894/95

Noch immer mache ich meine Zeichnungen in Schwarz
wegen des typografischen Charakters.
Ich bedaure nicht, wieder damit angefangen zu haben.
Mit meinem Tuschpinsel habe ich eine enorme Freiheit gewonnen!
Das ist schon was, wissen Sie! Schließlich habe ich auf weißem Papier
schwungvoll in einem Zug einige große Zeichnungen gemacht,
zwar manchmal von extravagantem Rhythmus, aber gelungen im Entwurf.
Einmal erreicht, ist das ein wichtiger und nützlicher Punkt für zukünftige
Arbeiten. Ich vertiefe mich weniger in die Aufeinanderfolge von Farbwerten
und die Abstufungen des Schwarz.

I am still doing my drawings in black for the typographic characters.
I do not regret having started again.
I have achieved an immense liberty
With my Indian ink brush !
It is really something you know !
Finally I have down on white paper
Some large drawings carried off in a rush,
with a rhythm that is sometimes extravagant
but has a fairly chic outline,
this being a useful point, now mastered, for future works.
I am less bogged down in sequences of merit !
and graduations of darkness !

Georges Rouault

Geben Sie sich Mühe bei der Silhouette eines jeden Gegenstands;
die Klarheit des Konturs ist der Verdienst einer Hand,
die nicht durch Zögern langweilt.

Study the silhouette of every object;
distinctness of outline is the attribute of the hand
that is not enfeebled by any hesitation of the will.

Paul Gauguin

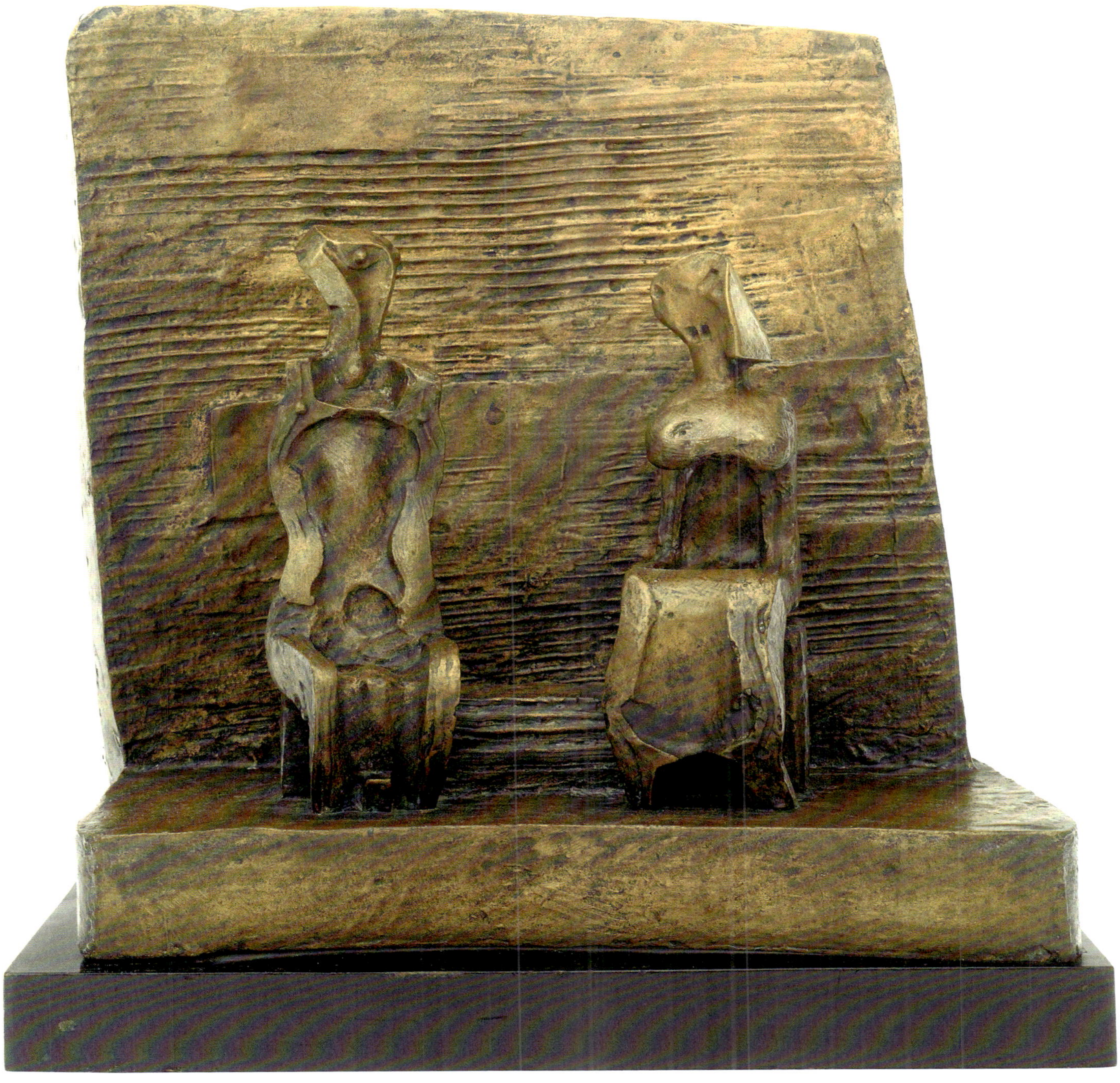

29 Henry Moore, Two Seated Figures Against Wall, 1960

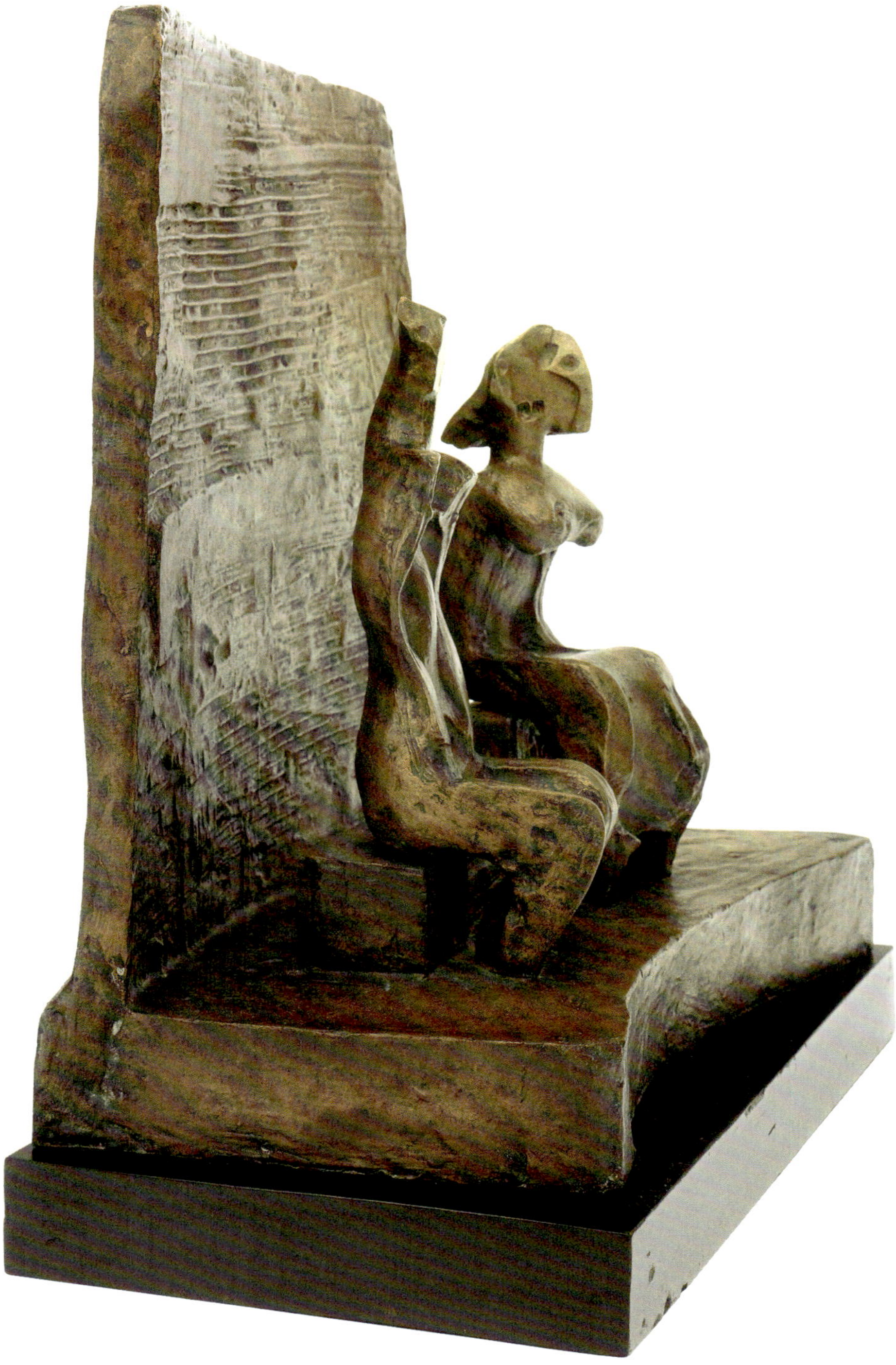

29 Henry Moore, Two Seated Figures Against Wall, 1960

Mein erster Lehrer in Bildhauerei sagte mir,
»Die Plastik entsteht aus einer unendlichen Zahl von Umrißlinien«.
Diese Definition lässt auf eine Sichtweise schließen,
die nur die flache Silhouette beachtet, während die Skulptur
von ihrem inneren Zentrum aus betrachtet sein will.

**My first sculpture teacher told me that
"sculpture is an infinite number of outlines".
This definition suggests looking only at the flat silhouette
whereas sculpture should be looked at
also from the middle outwards.**

Henry Moore

Eine gerade Linie, eine einfache Kurve, feste geometrische Formen,
eine vollendete Kugel, ein Kegel, Zylinder, Würfel sind schön – (Platon),
doch sie werden von Maschinen, nicht von den Künstlern,
am besten gemacht – die Kunst zeigt die fehlbaren,
menschlichen Variationen des Vollkommenen.

**A straight line, a pure curve, solid geometrical forms,
a perfect sphere, cone, cylinders, cubes, are thought to be beautiful
– (Plato) but they can best be made by machines, not artists –
Art shows the fallible, human variations from the perfect.**

Henry Moore

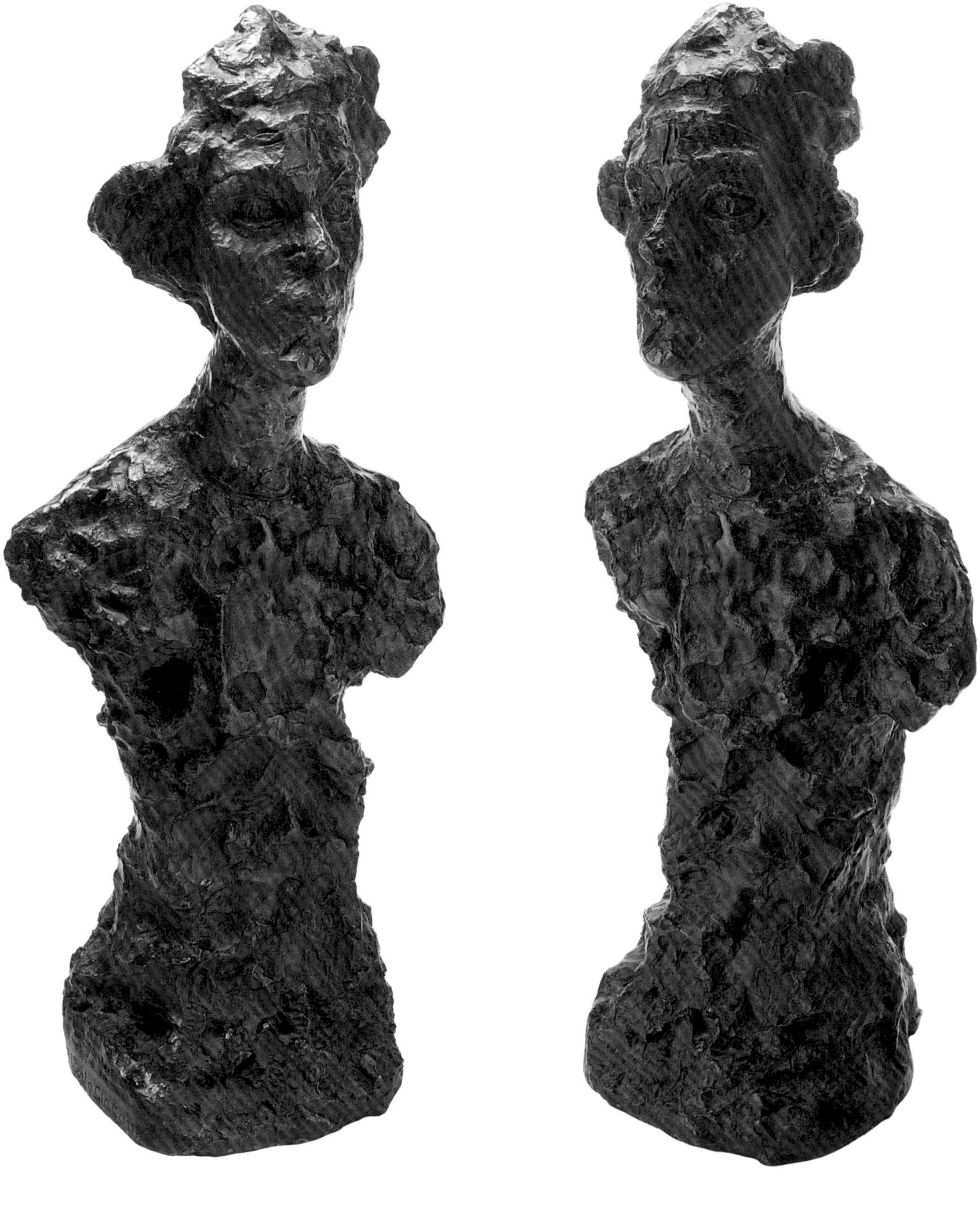

30 Alberto Giacometti, Annette VI, 1962

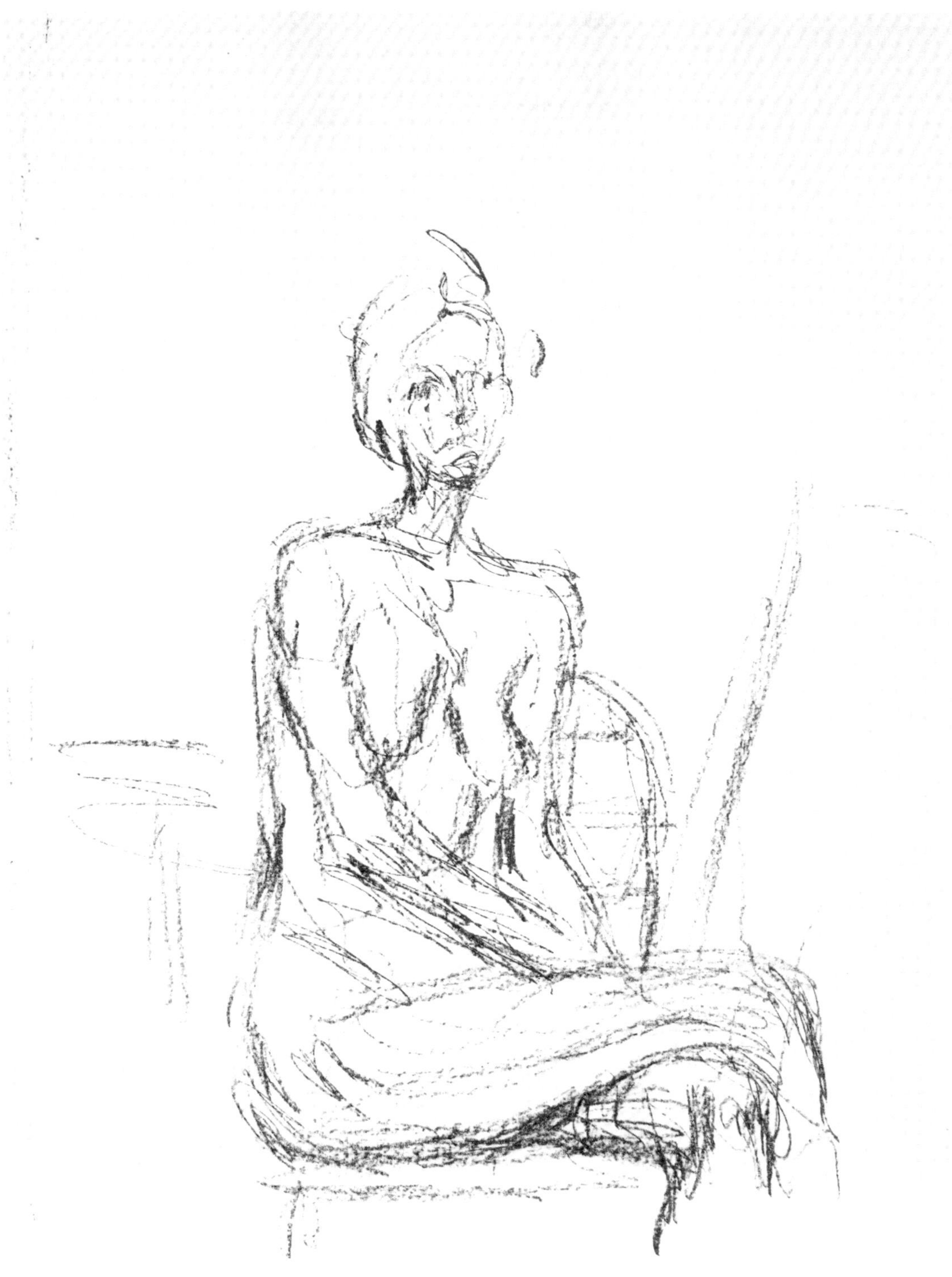

31 Alberto Giacometti, Nu de profil, 1961

Das Gesicht kehrt zu seinem eigenen Ausgangspunkt zurück, schließt den Kreis mit sich selbst. Umschreiten Sie es ... Alle Linien sind zentripetal: sie zielen auf Verdichtung ab, zwingen das Auge, ihnen zu folgen, und führen es immer wieder zum Mittelpunkt des Gesichts zurück; man könnte meinen, eine adstringierende Substanz ziehe es zusammen.

**The face turns back on itself, is a loop that closes.
Look at it from various angles: ...
All these lines are centripetal: their aim is to pull together, they compel the eye to follow them and always bring it back to the centre of the face; one would think that the face is retracting under the influence of an astringent; ...**

Jean-Paul Sartre über Giacometti

Eine Linie entsteht aber aus der Überschneidung zweier Flächen:
und die Leere kann nicht als Fläche gelten.
Noch weniger als Volumen. Mittels einer Linie wird der Behälter
vom Inhalt getrennt: aber die Leere ist kein Behälter

**But a line is produced by the intersection of two surfaces:
and the void cannot be considered a surface. Still less a volume.
The container is separated from the contained by a line:
but the void is not a container.**

Jean-Paul Sartre über Giacometti

Schwarze Linien sind gefährlich:
sie könnten dem Sein Kratzer und Risse zufügen.
Benützt man sie, um ein Auge zu umringen,
einen Mund zu umsäumen, so sind wir geneigt,
mitten in der Wirklichkeit Fisteln der Leere anzunehmen.

**Black lines are dangerous:
with them comes the danger of scratching out what is there, splitting it.
Use them for encircling an eye, hemming a mouth,
and we may think that there are fistulas of void at the heart of reality.**

Jean-Paul Sartre über Giacometti

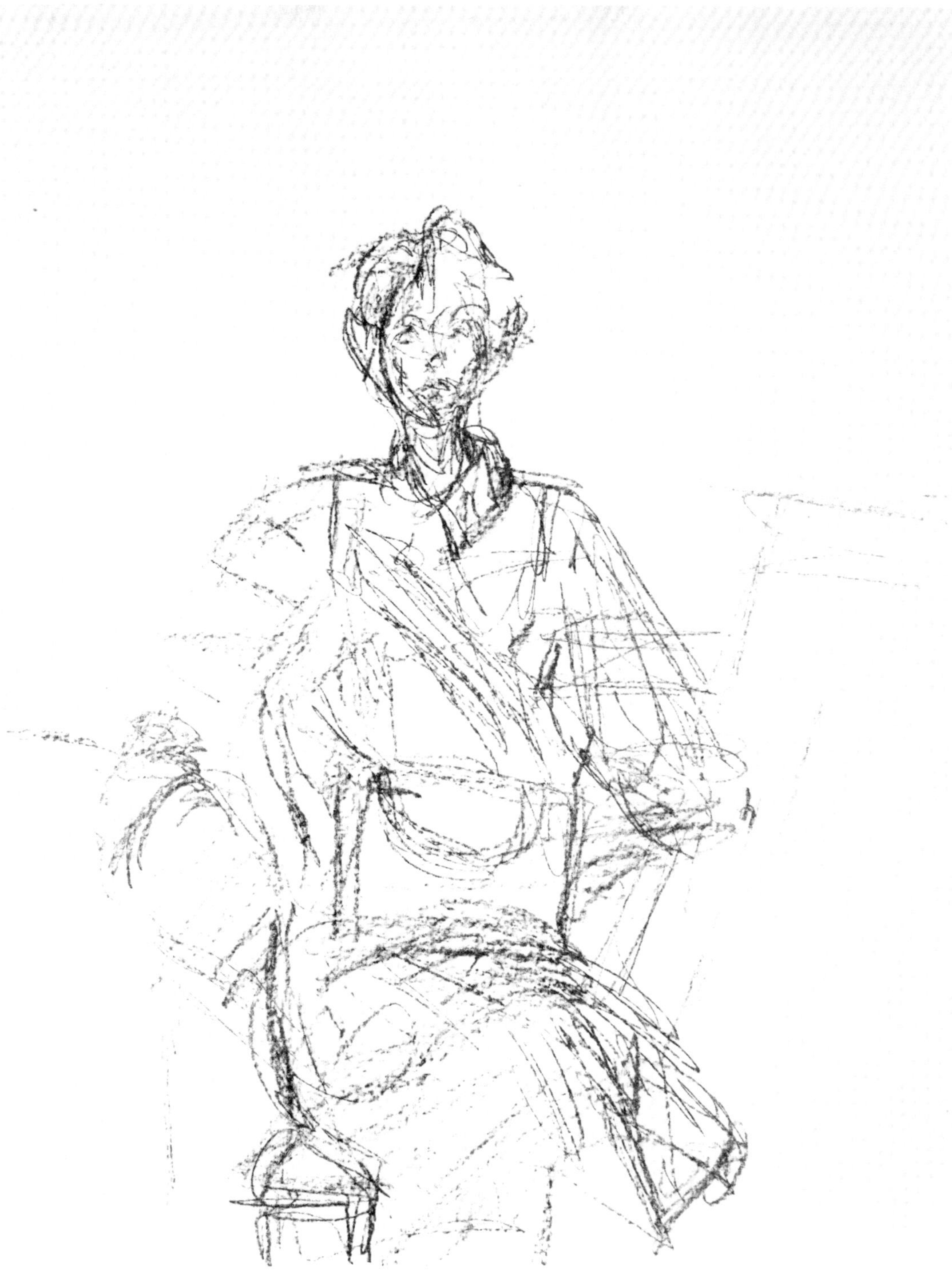

32 Alberto Giacometti, Figure assise, 1961

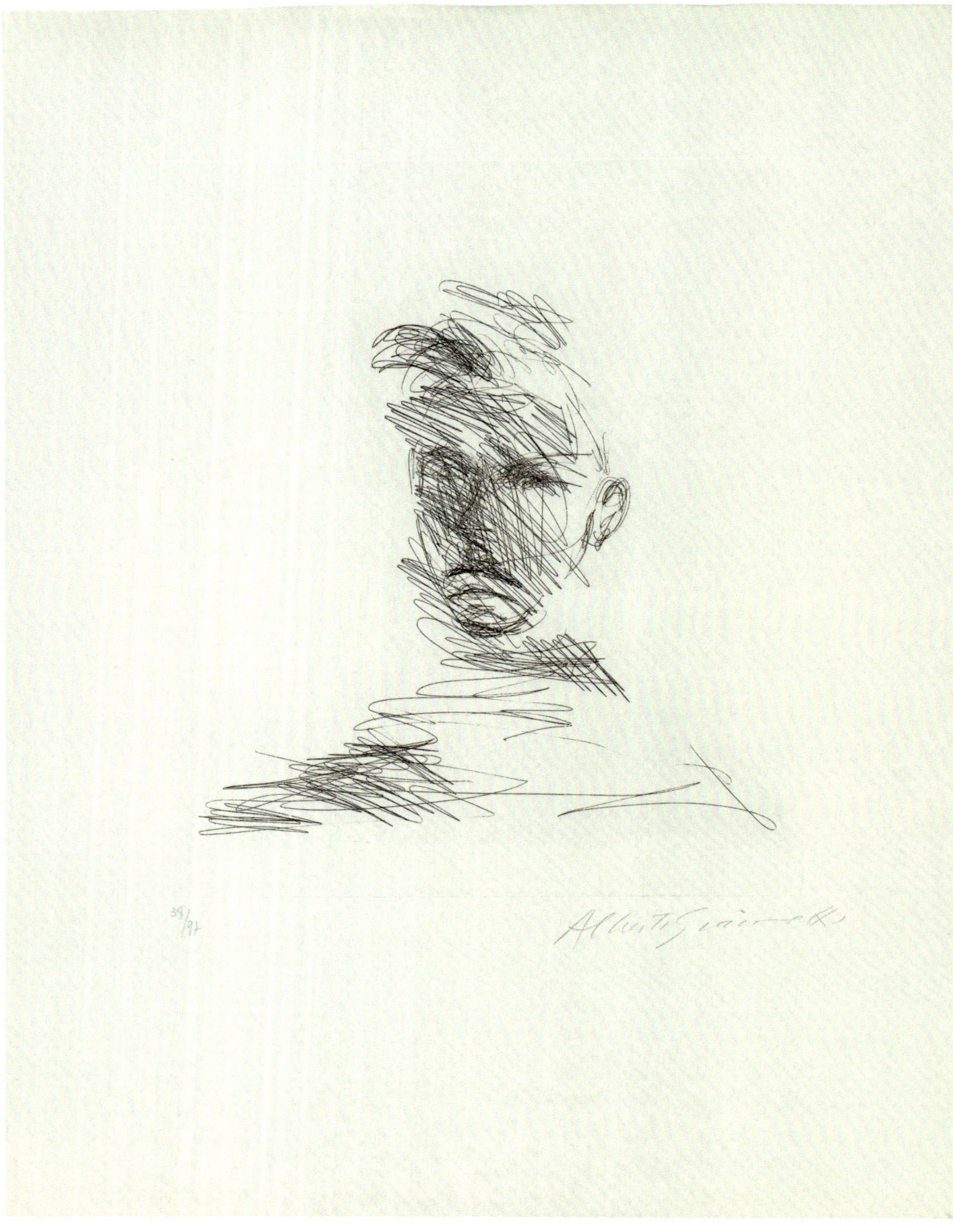

33 Alberto Giacometti, Rimbaud, 1962

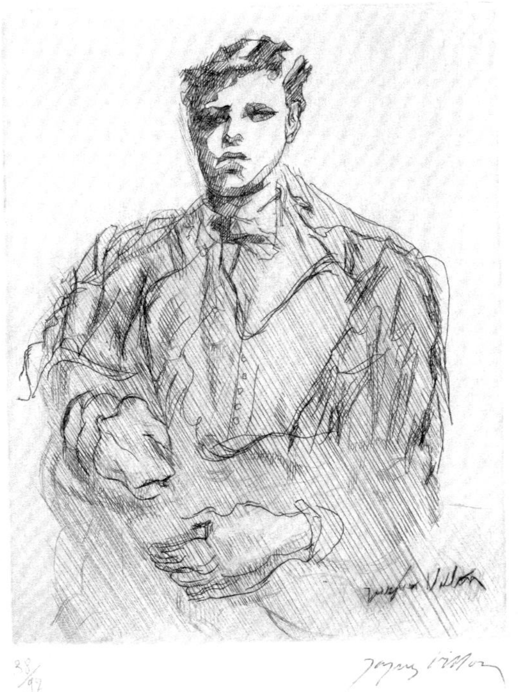

34 Jacques Villon, Portrait d'Arthur Rimbaud, 1961

Ich gehe dem Geschmack aus dem Weg.
Ich mache alles, um ihm auszuweichen.
Ich setze keine Farbe, keine Linie ohne Grund, einen innern Grund,
der in meinem tiefsten Innern wieder auf das Grundgesetz trifft.
Wenn der Geschmack einschreitet, kann man nur Elemente dazufügen,
aber die Voraussicht ist es, das habe ich nach und nach eingesehen,
die ein Bild vervollständigt.

I avoid taste. I do everything I can to keep out of its way.
I do not place any colour, any line, without a reason, an inner reason,
that accords with the basic law in my inmost self.
When taste moves in, one can only add elements to it,
but foresight is, as I have gradually come to realize,
what completes a picture.

Jacques Villon

Manzù thematisiert einen in seiner Ausdrucksweise verborgenen Konflikt
und legt ihn offen, fügt in diesen Prozess jedoch einen bewussten,
weil expliziten Akt ästhetischer Sympathie ein, den er dialektisch analysiert.
Damit unterstreicht [sottolinea] und betont er den historischen Bezug,
der in seinen Augen darin enthalten ist.

In his form of expression, Manzù addresses hidden conflicts and lays them bare,
while incorporating into this process a deliberate, explicit act of aesthetic
sympathy, an act which he analyses dialectically.
Thus he underlines [sottolinea] and emphasizes the historical reference
which he sees as contained therein.

Carlo Ludovico Ragghianti über/on Giacomo Manzú

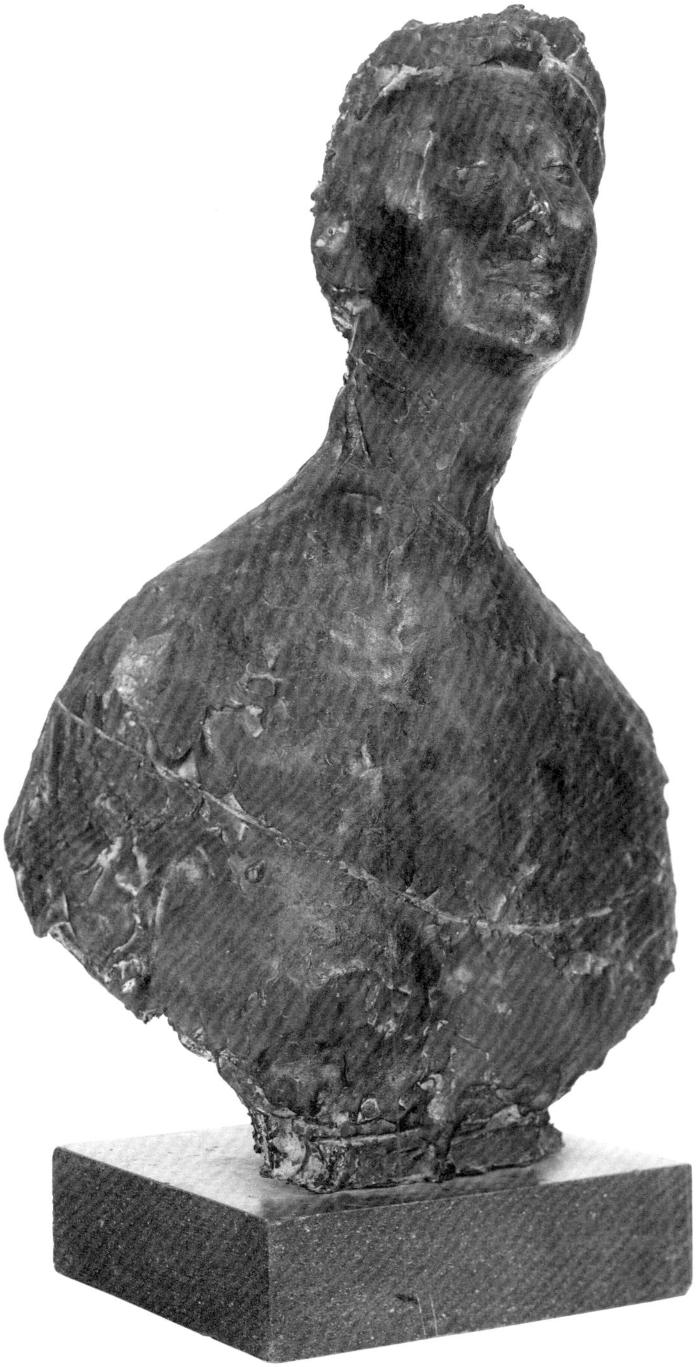

35 Giacomo Manzù, Busto di donna, 1955

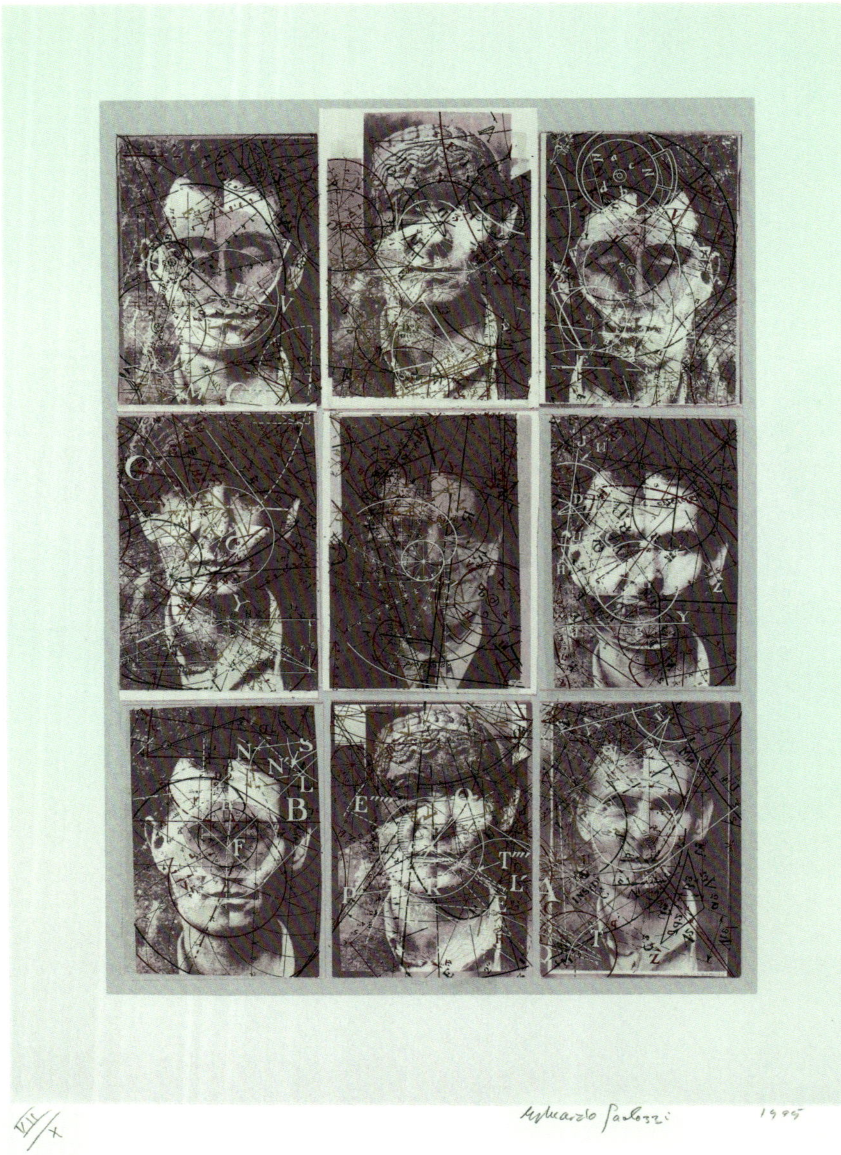

36 Eduardo Paolozzi, A Logical Picture of Facts is a Thought, 1995

Das Verschieben der Linienpartien in eine stets veränderliche Konfrontation schafft sichtbare Metaphern, die Gedankenprozessen gleichwertig sind, Konstellationen jenseits der Vorwahrnehmung – wie Träume.

**Shifting the lines into a constantly changing confrontation creates visible metaphors equivalent to thought processes, constellations beyond pre-perception, like dreams.**

Eduardo Paolozzi

Man kann sich auf die Linien verlassen.
Die Seele folgt und wächst mit ihnen.

**You can rely on the line.**
**The soul follows it and grows with it.**

Giorgio de Chirico

Der Hörer irgendeines Musikstückes darf und kann fragen:
»Was bedeutet das?« Bei einem Bilde hoher Qualität geht das nicht.
Wer in seine Welt eingetreten ist, muß schweigen.
Licht und Schatten, Linien und Winkel und das Geheimnis
des Inhalts beginnen dann zu sprechen.

**Anyone listening to a piece of music can and may ask:**
**"What does this mean?" In the case of a picture of high quality,**
**this is not possible. Anyone who has entered its world must keep silence.**
**Light and shade, lines and angles, and the secret of the content**
**will then begin to speak.**

Giorgio de Chirico

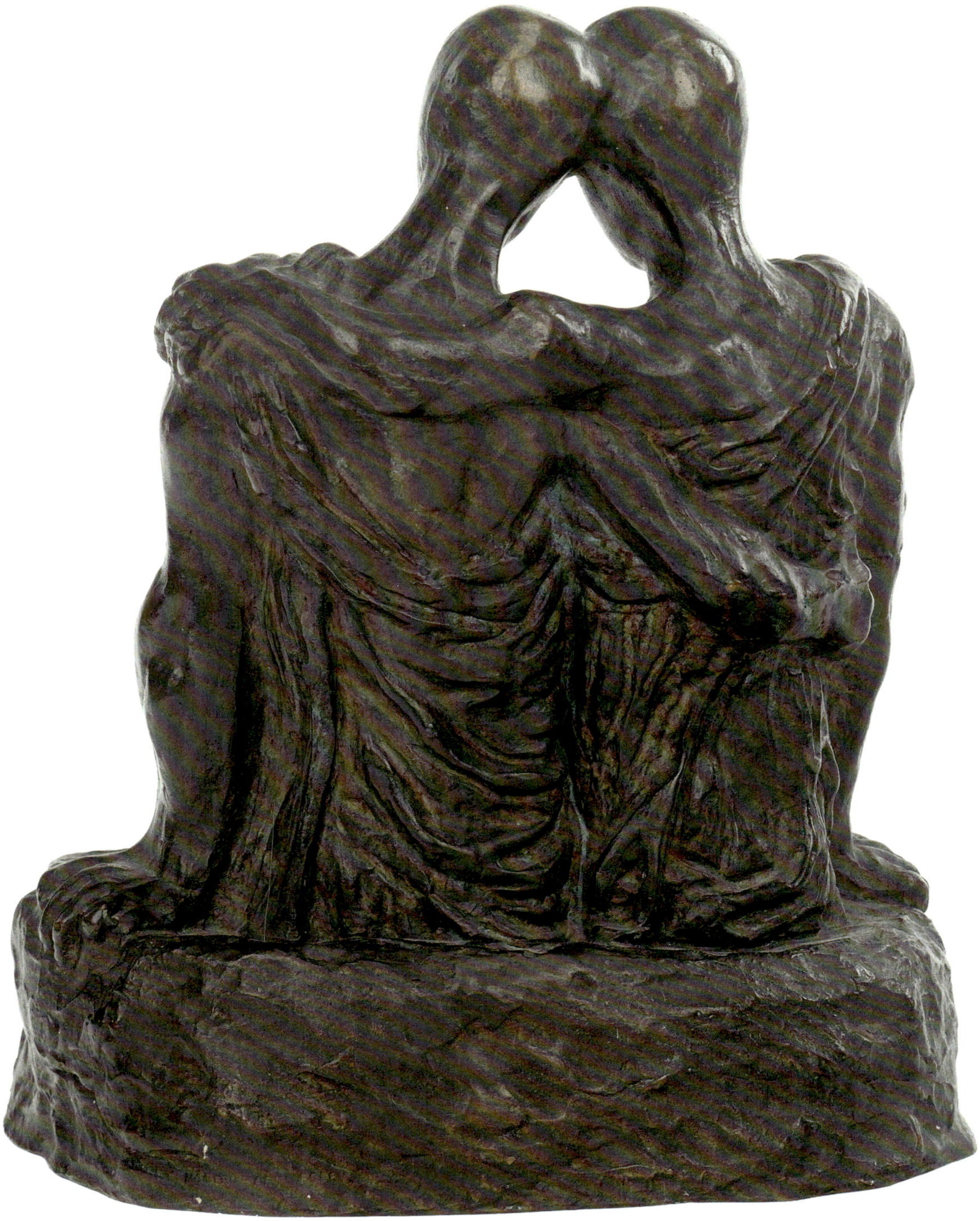

37 Giorgio de Chirico, Oreste e Pilade, 1925 oder/or 1940

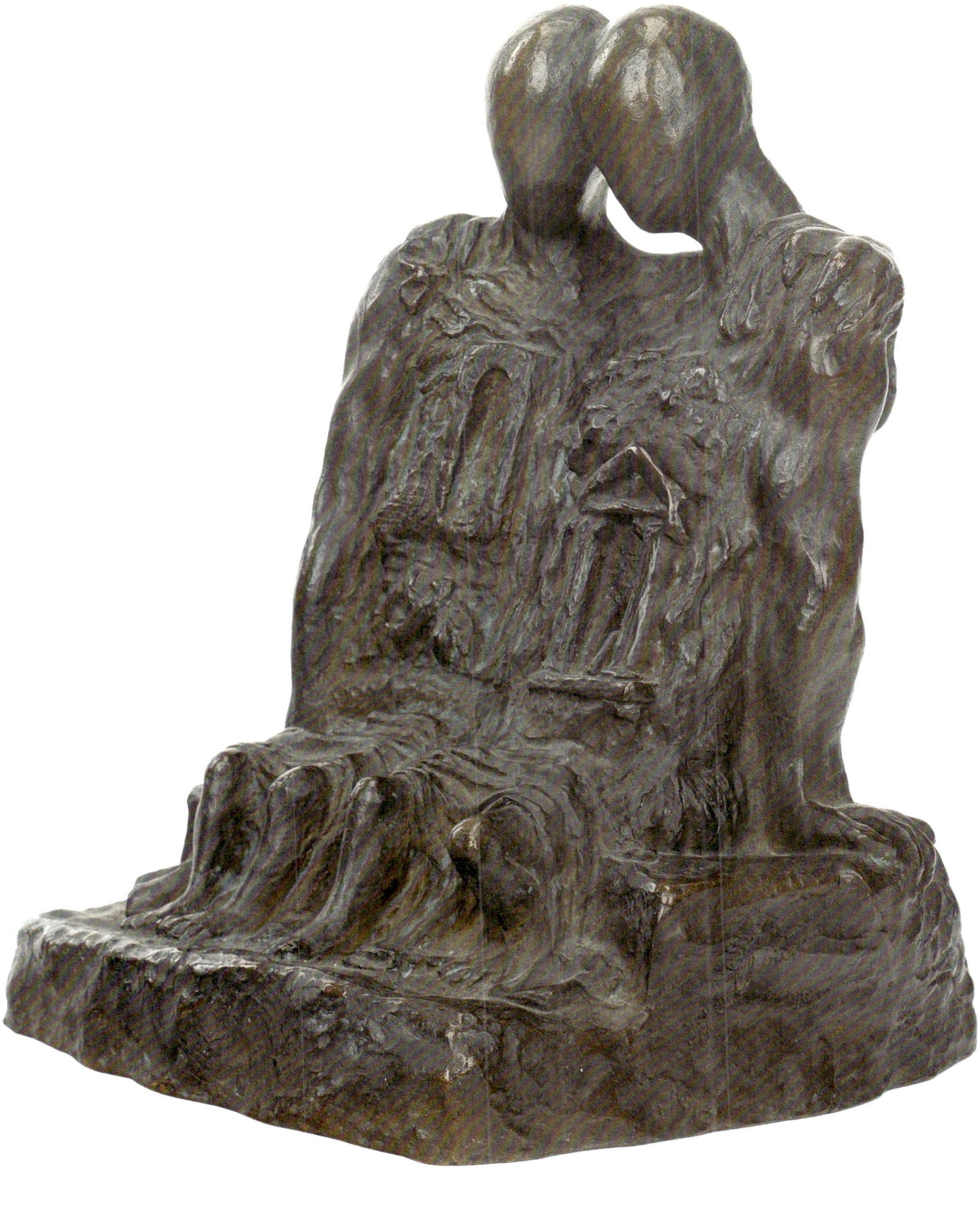

Können heißt Gestaltenkönnen.
Können setzt voraus, daß man das innere Leben der Linie und der Farbe empfinden kann. (Linie und Farbe auch losgelöst vom Gegenstand. Absolute Malerei im Sinne der Absoluten Musik.) Können setzt voraus, daß man Erlebnisse hat. Dem Künstler können die alltäglichsten und die seltensten Dinge zum Erlebnis werden, ein Farbenklang, eine Linienverschlingung.

**Ability means the ability to shape things. Ability presupposes that one can sense the inner life of the line and colour. (Line and colour even when detached from the object. Absolute painting in the sense of Absolute Music.) Ability presupposes that one has experiences. The most everyday and the most uncommon things can become an experience for the artist, a colour timbre, a curve of a line.**

Max Ernst

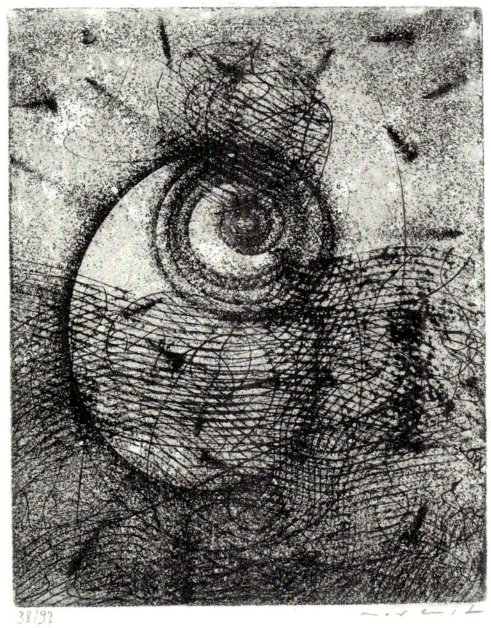

38 Max Ernst, Hommage à Rimbaud, 1961

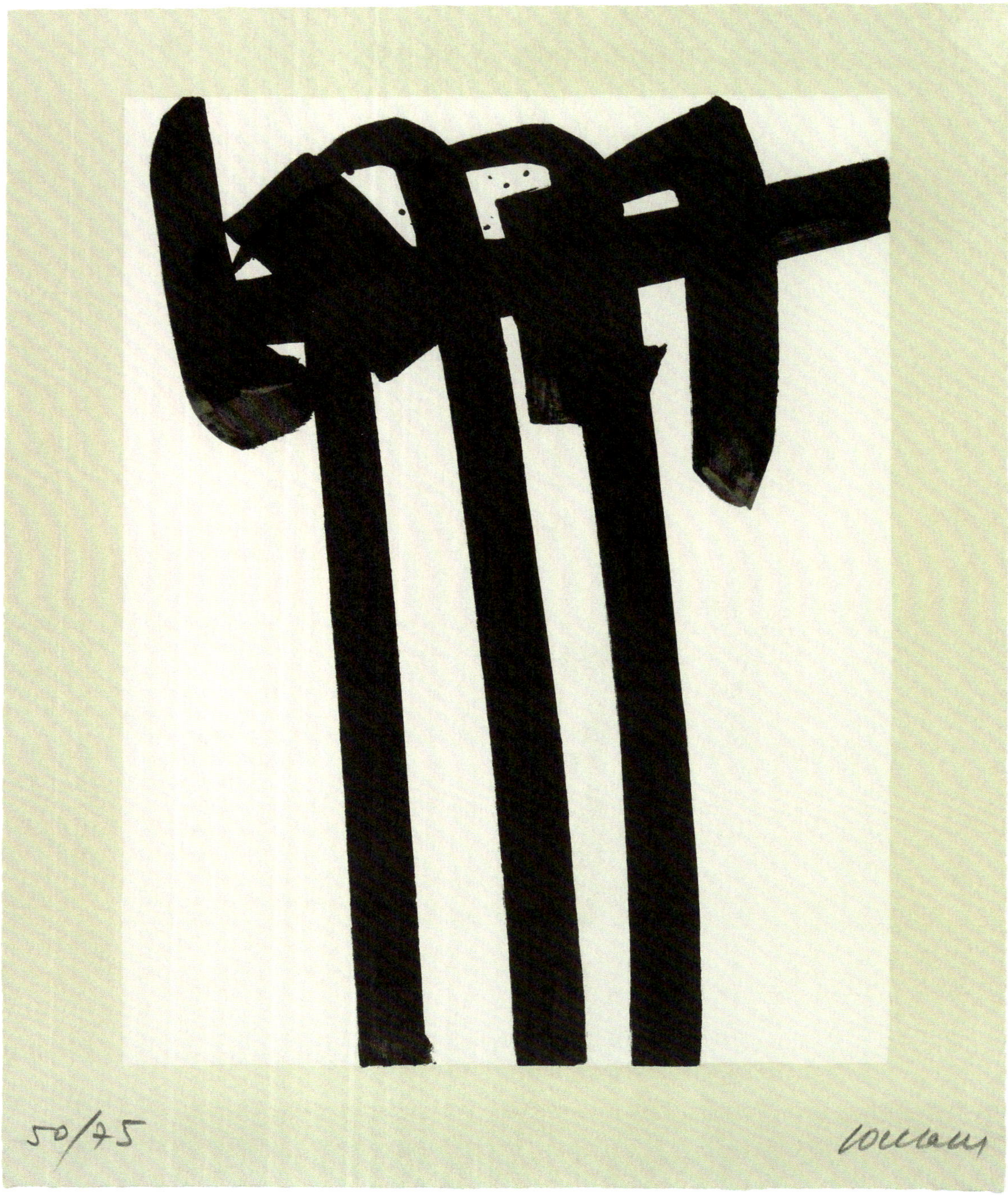


39 Pierre Soulages, Lithographie No. 28, 1970

Im Jahr 1947 begann ich, die schon immer breiten Pinselstriche (diese Linien waren von Anfang an Farbflächen) zu einem Zeichen zusammenzufassen, das man unmittelbar, auf einen Blick liest. Die Zeit der Erzählung, die Dauer des Verfolgens einer Linie mit dem Auge, dieser befristete Vorgang wurde damit aufgehoben. Da die zeitliche Dimension der Linie nicht mehr vorhanden war, wurde die Zeit unbeweglich in diesen Zeichen, die aus gerafften, kräftigen Pinselstrichen bestanden; die Bewegung wird nicht mehr beschrieben, sondern sie ist Spannung, Bewegung in der Potenz, das heißt Dynamik.

**In 1947 I began to summarize the brushstrokes, which had already been broad (the lines were colour fields from the outset) into a sign that could be read immediately, at a glance. The time taken to tell the story, the time taken to follow a line with the eye – the need for this finite process was thus removed. As the temporal dimension of the line was no longer present, time became immobile in these signs, which consisted of concise, vigorous brushstrokes; movement is no longer described, rather it is tension, movement in potency, in other words dynamism.**

Pierre Soulages

**Das wahre Metier besteht in Anordnung und Wahl der Linien, Formen und Farben, die automatisch die ästhetische Empfindung auslösen – was der Daseinsgrund des Bildes ist. Der Maler muß also bewußt sein und darf keine zusätzlichen Probleme lösen wollen, die ihn ablenken würden.**

**The true skill is the arrangement, the choice of lines, forms and colours that will automatically trigger the aesthetic sensation, the picture's raison d'être. The painter therefore has to be aware of this and not accept additional problems to be solved that would distract him.**

René Magritte

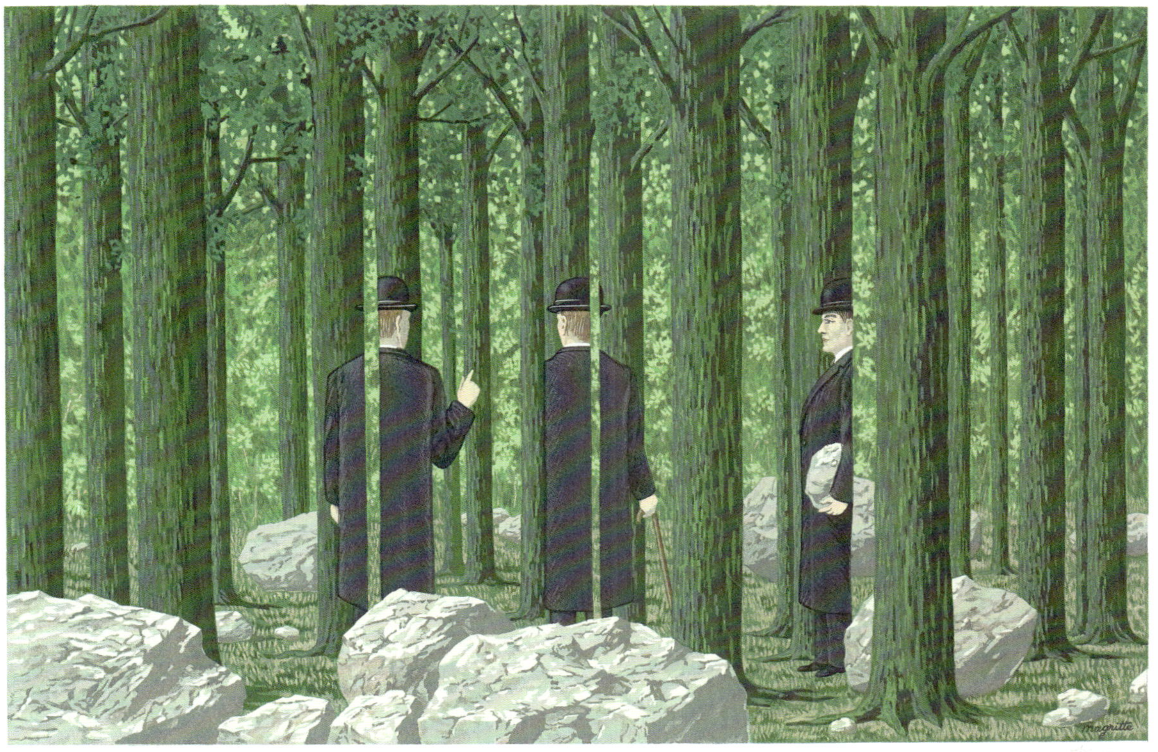

40 René Magritte, Ma mère l'oye, 1968

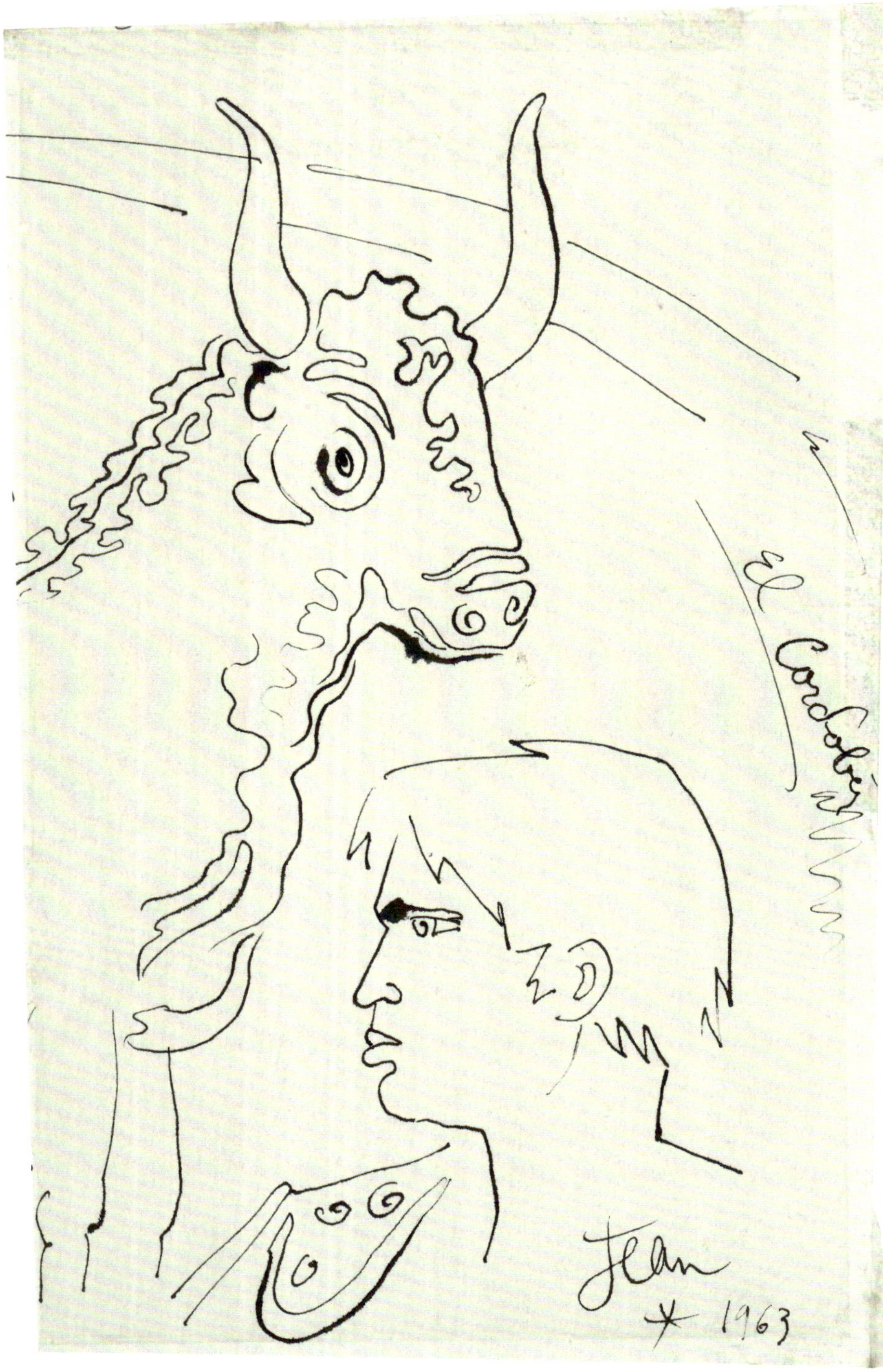


41 Jean Cocteau, El Cordobés, 1963

Nachdem ich ihn lange betrachtet hatte und von seinem kleinen Auge verfolgt worden war, merkte ich, daß zwei Linien an Nasenbogen und Hinterhaupt, deren eine Ramses für einen Fleck, deren andere er für einen Krummstab gehalten hätte, nur einer retuschierenden Linie bedurften, um Nase und Haar plastisch werden zu lassen.
Die eine war der Winkel eines geschwungenen Abschnitts der Nase; die andere war sozusagen der Falz eines halb eingerollten Pergaments.
Ich brauchte nur noch dem Muster zu folgen.

**By dint of looking at him and being followed by his little eye, I noticed that two lines near the curve of the nose and at the back of the head, one which Ramses would have taken for a mark and the other a crook, needed, to put the nose and hair into relief, merely retouching with a line. The first was the angle of a curved section of the nose; the other the, spine, so to speak, of a half-rolled parchment. I merely had to follow the example.**

Jean Cocteau

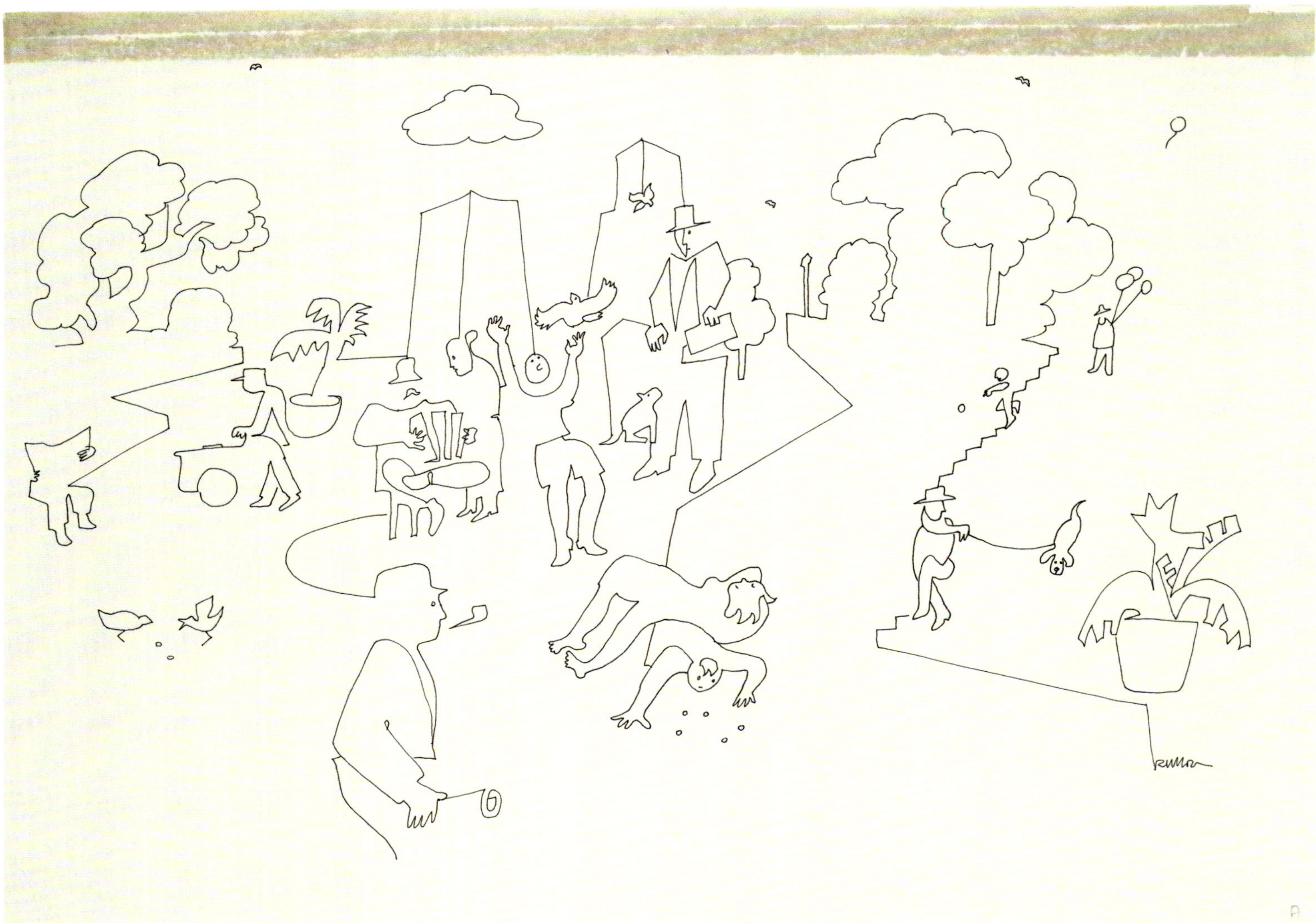

42 Ricardo Ulloa Garay, Espacio del Domingo, 1989

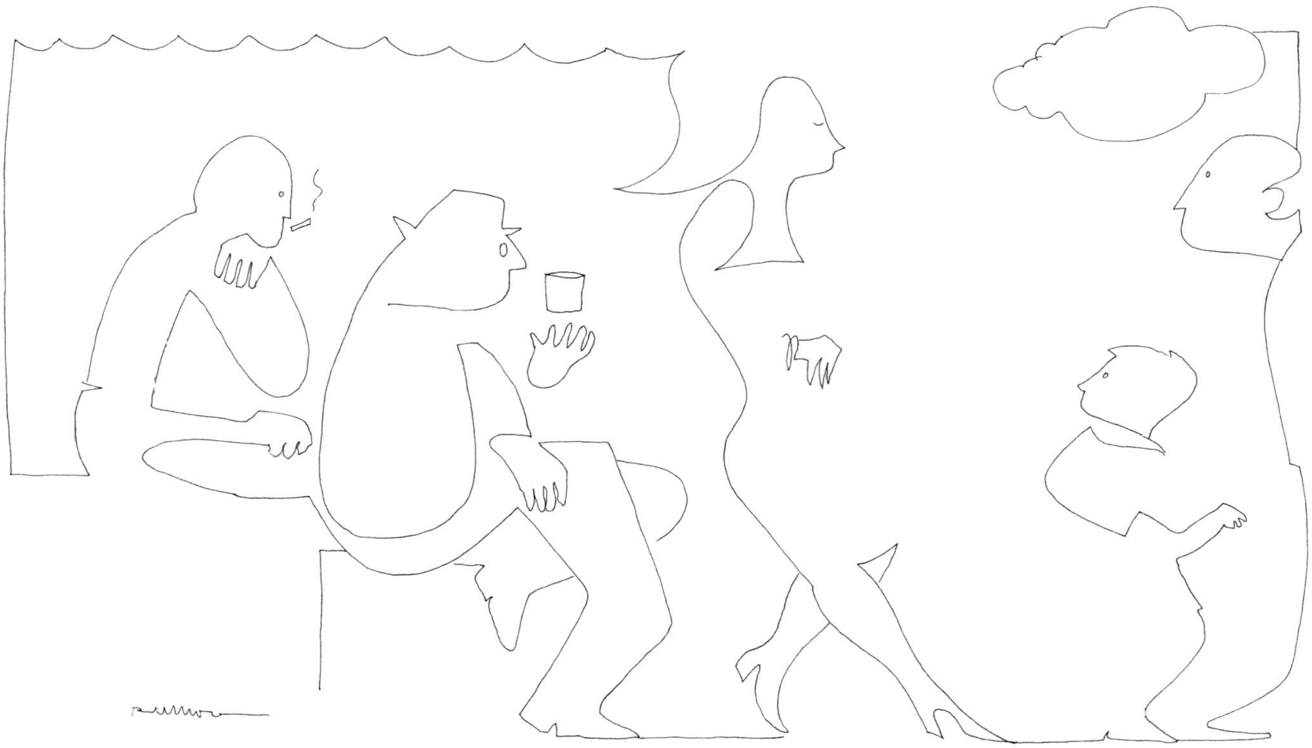

43 Ricardo Ulloa Garay, En la acera, 1989

Wenn überhaupt, plane ich meine Zeichnungen nur sehr grob; zum Beispiel überlege ich mir das Motiv, beispielsweise eine Stadt oder ein Restaurant. Während ich arbeite, versuche ich durch die ununterbrochene Linie sowie die unerwartete Verbindung unterschiedlicher Ebenen und das Überspringen von Abständen möglichst viele Überraschungsmomente zu generieren. Man könnte es so beschreiben: Ich male ein halbkubistisches Bild, jedoch stets mit der Möglichkeit der freien Assoziation. Während ich zeichne, entwickelt sich ein bestimmtes Thema stärker heraus, das ich dann weiter hervorhebe und verdeutliche. Manchmal gebe ich dem Ganzen einen Namen, meines Erachtens verdirbt dies jedoch häufig den Überraschungseffekt.

**I do not plan my drawings exept in a most general way; I might decide to do a city or a restaurant. I do intend to find, as I work, as many surprises as I can from using continous line, fusing planes and jumping distances without warning.  You might say I´m doing a semicubistic picture but with the chance approach of free-association. As I draw, a theme becomes clearer and I strengthen and clarify it. Sometimes I add  a title, but I find that it often spoils the surprise.**

Ricardo Ulloa Garay

Für mich dient die Verworrenheit der Linien als eine Art Kommentar, wenn man überhaupt hier davon sprechen kann, über die sozialen Beziehungen zwischen den Figuren. Häufig verwende ich Tiere in meinen Zeichnungen, und oft sind die Katzen hauptsächlich kritische Beobachter menschlichen Treibens, während die Hunde eher unschuldige und überforderte Zuschauer darstellen. Aber das soll genügen, denn sonst würde das Erlebnis des Betrachtens zerstört.

**Such line entanglements serve me to comment (if comment is the right word) on the social relations between the figures. As for animals, which often appear in my drawings, the cats stand mainly as critical observers of human goings-on, while dogs resemble rather innocent and puzzled bystanders ... I think any further explanation will get in the way of their enjoyment.**

Ricardo Ulloa Garay

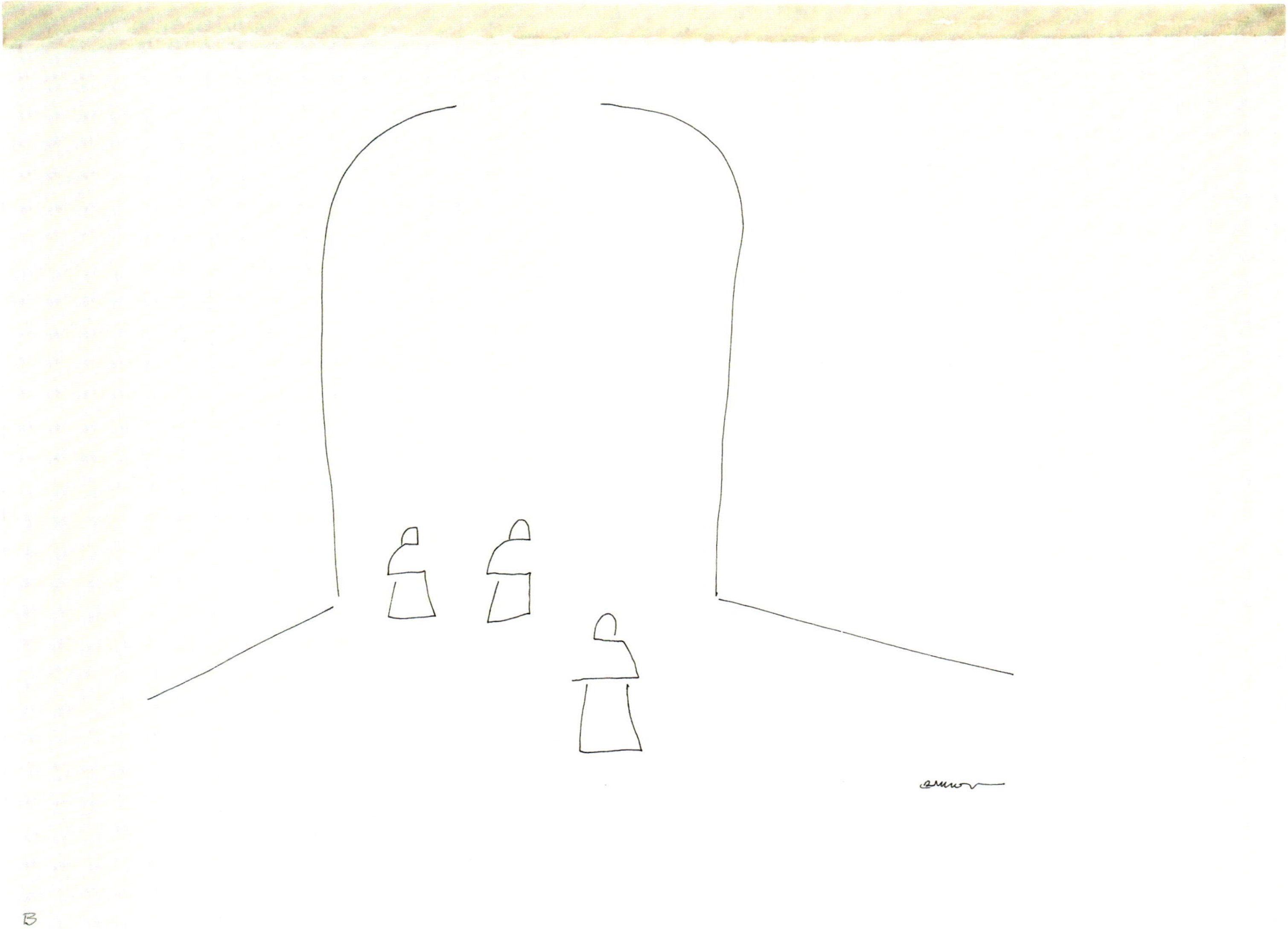

44 Ricardo Ulloa Garay, El limite del silencio, 1989

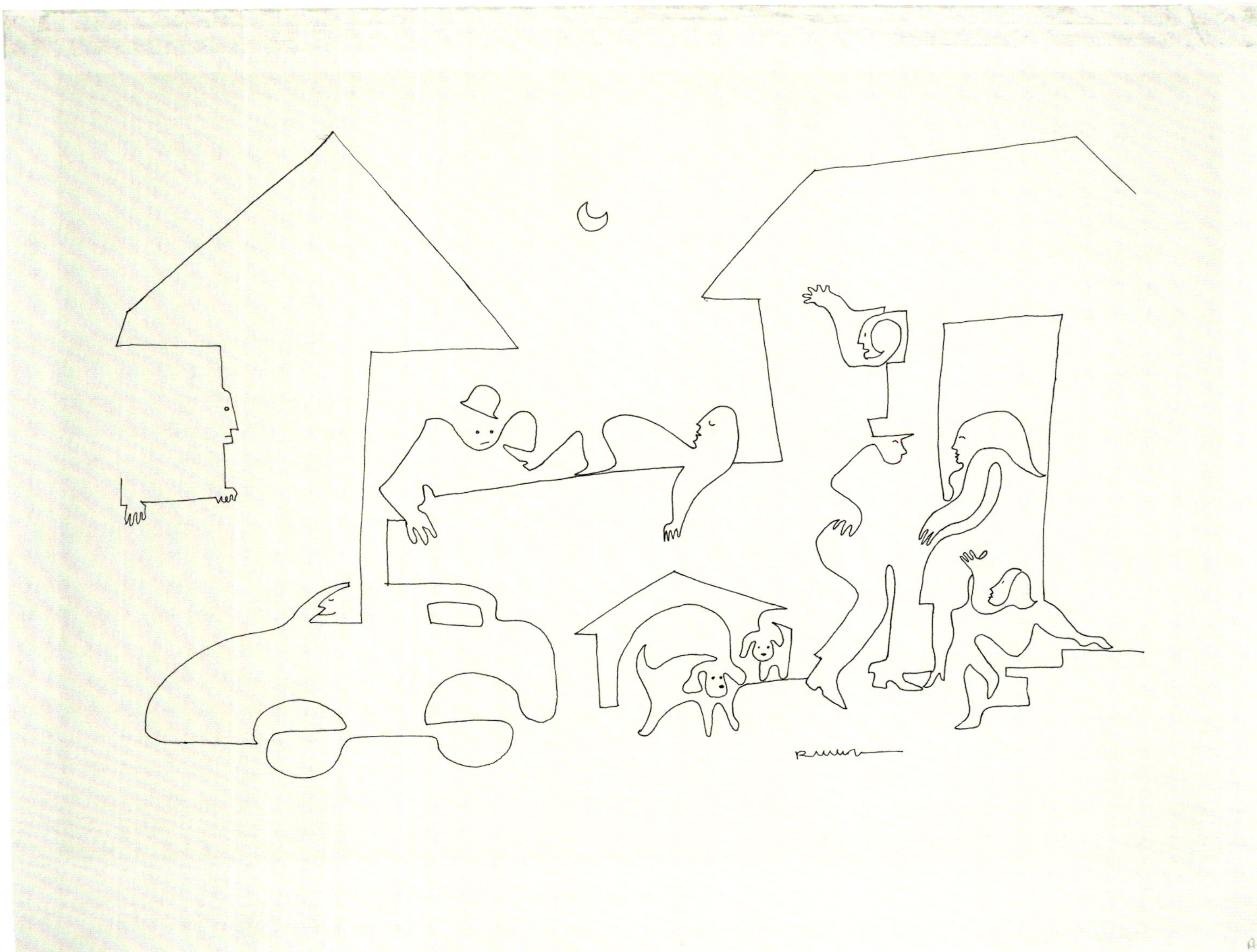

45 Ricardo Ulloa Garay, Vidas Paralelas, 1989

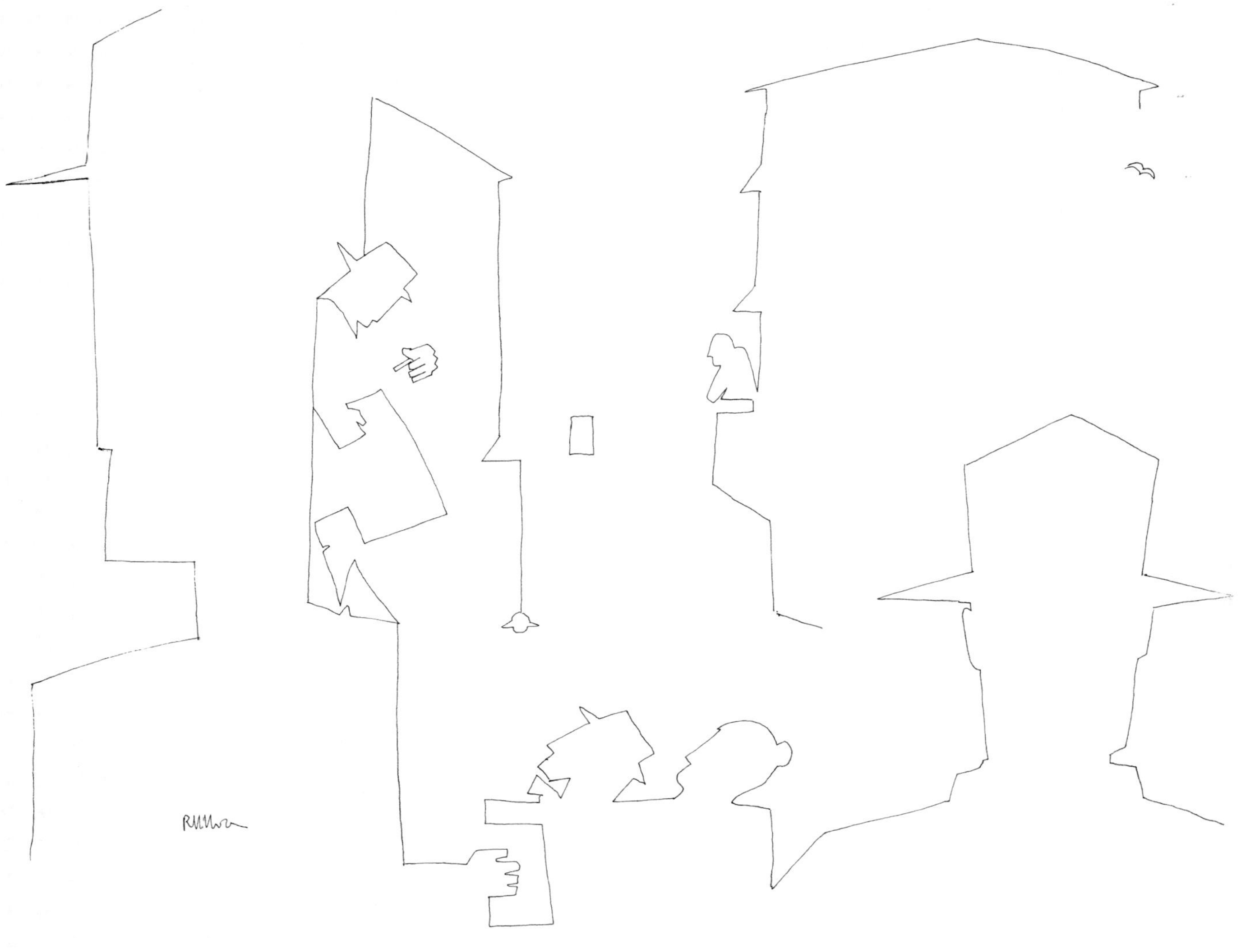

46 Ricardo Ulloa Garay, Anochecer, 1989

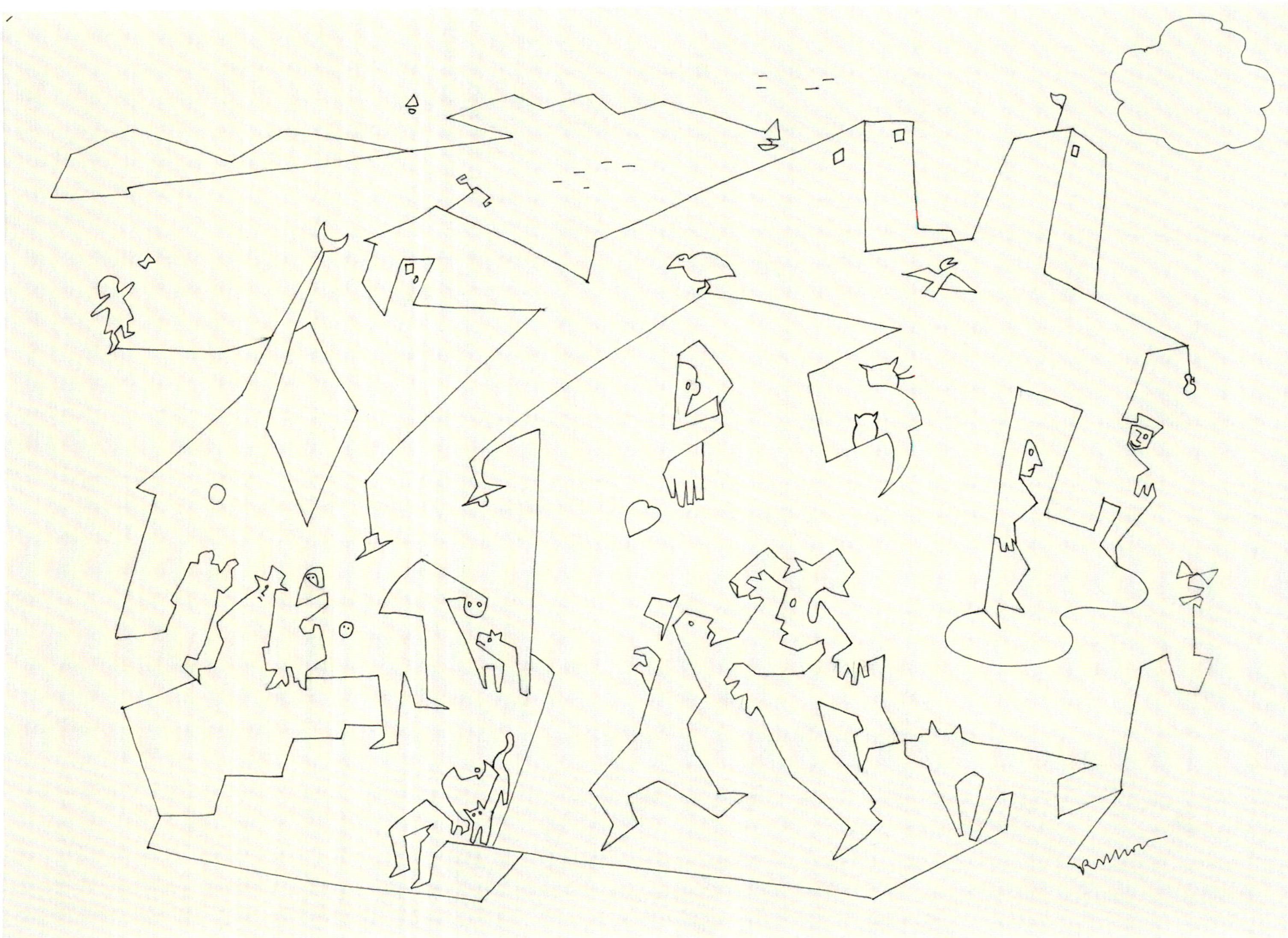

47 Ricardo Ulloa Garay, Bullicio, 1989

Die Zeichnung wird auf ganz spontane Weise in mir geboren.
Es erstaunt mich zu sehen, wie eine Linie unaufhörlich, fast ohne dass mir
bewusst ist, was sie will, ein kleines Universum schafft
und in mir das Entzücken eines Kindes hervorruft angesichts einer Welt,
die ihm neu und strahlend erscheint. Und wie das Kind lache ich vor Freude.
Aus einem einzigen Faden entstehen Häuser, Bäume, Katzen,
Wolkenkratzer, Wolken, Feuer ... Was will ich mehr?

**The drawing is quite spontaneously born within me.
It amazes me to see how a line ceaselessly creates a universe
almost without my realizing what it wants, evoking in me the delight
of a child in the face of a world that seems new and radiant.
And like the child, I laugh with joy. A single thread gives rise to houses,
trees, cats, skyscrapers, clouds, fire... what more could I want?**

Ricardo Ulloa Garay

**Ich schuf neue ästhetische Effekte durch den Gebrauch von hochpolierten Metallen. Die Wirkung eines Objektes wird durch die Reflexion bereichert. Diese vervielfacht Linien, sie kann die Formen-, Farb- oder Lichteffekte erweitern oder verringern; sie kann die Gestalt je nach der Position der Flächen, der konkav oder konvex gebogenen reflektierenden Metalle, transformieren.**

**I experimented and obtained new esthetic effects by using the reflection of polished metals. Reflection enriches the effect of the object.
It can multiply lines; it can amplify or reduce the effect of forms, color or line; it can transform shape according to the positions of the planes or the concave or convex bending of the reflecting metal.**

Alexander Archipenko

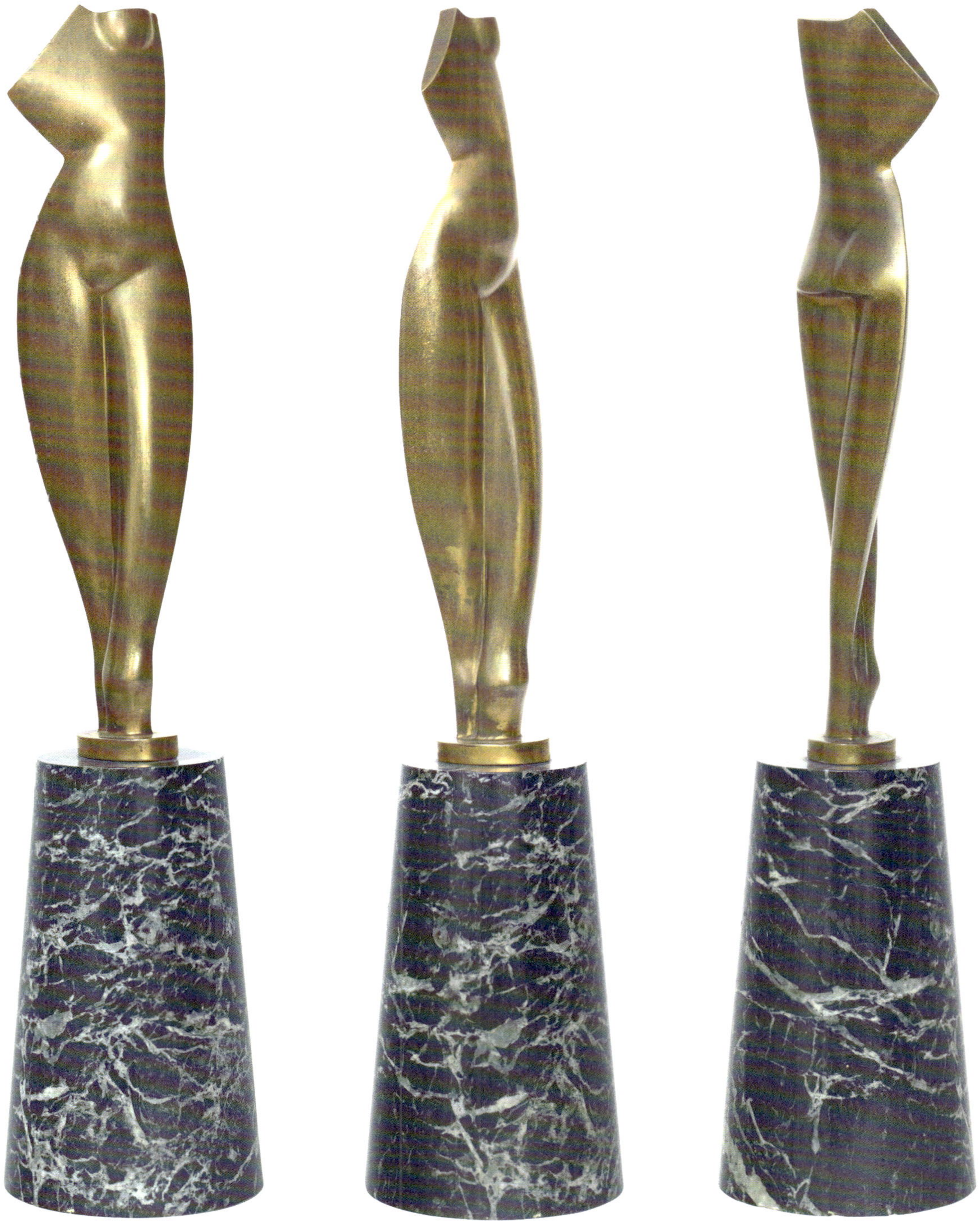

48 Alexander Archipenko, Flat Torso, 1914

# Die Künstler

**Alexander Archipenko**
**(1887 Kiew – 1964 New York)**
Sein Studium an der Kunstakademie in Kiew vollendete der ukrainische Bildhauer und Maler Alexander Archipenko nicht, sondern ging nach 1908 nach Paris. Dort schuf er seine ersten Skulpturen aus Glas, Metall und Holz, in denen er die Volumina aus dem Zusammenspiel konvex und konkav geschwungener Linien entwickelte. Bei *Flat Torso* (*Flacher Torso;* Abb. 48), dessen erste Gipsfassung er 1914 herstellte, spielte der weibliche Torso eine zentrale Rolle. Eine Marmorversion auf Alabastersockel folgte 1922, später entstanden Varianten aus Aluminium, vergoldetem Gips sowie mehrere Auflagen in Bronze.

**Jean (Hans) Arp**
**(1886 Straßburg – 1966 Basel)**
Der deutsch-französische Maler, Bildhauer und Dichter Jean (Hans) Arp begab sich nach dem Studium an der Académie Julian in Paris auf die Suche nach neuen künstlerischen Ausdrucksmöglichkeiten. Nach dem Zweiten Weltkrieg entwickelte er in seinen neuartigen, biomorphen Reliefs, Skulpturen und Gemälden, eine »konkrete« Formensprache, indem er Grundtypen alltäglicher Anschauung wie das Ei, das Rad oder den Torso als Elementarformen miteinander vereinte. Analog entstanden Arbeiten auf Papier, wie der zweifarbige Holzschnitt *Arthur Rimbaud* (Abb. 9), 1962.

**John Bellany (* 1942 Port Seton)**
Für den schottischen Maler und Zeichner John Bellany blieb das Leben in seinem heimatlichen Fischerdorf auch nach seinem Studium in Edinburgh und London die wichtigste Inspirationsquelle. In einer naiven, farbig expressiven Bildsprache schildert er in *Odyssey* (*Odyssee;* Abb. S. 23), 1998, Aspekte seiner eigenen Biografie und der Alexander Kassers, als epische Seereise. Am äußeren Rand hat Bellany die Druckplatte mit einer persönlichen Widmung an die Sammler Elisabeth und Alexander Kasser versehen. Der Siebdruck erschien in einer Auflage von 75 Exemplaren, die in Zusammenarbeit mit der Tochter der Kassers, Mary V. Mochary, herausgegeben wurde.

**Alexander Calder**
**(1898 Lawton – 1976 New York)**
Seine Leidenschaft für den Zirkus entdeckte der amerikanische Bildhauer Alexander Calder, der seine künstlerische Laufbahn weitgehend als Autodidakt begann, 1924 während seiner Tätigkeit als Pressezeichner in New York, für die er regelmäßig Vorstellungen besuchte. Weitere Zirkus-Zeichnungen, wie *Balancing woman* (*Seiltänzerin;* Abb. 2), um 1930 bis 1932, stammen aus seiner Zeit in Paris. Dort besuchte er seit 1926 die Académie de la Grande Chaumière und unternahm erste Versuche, die Motive auch als bewegliche Figuren aus Draht und Holz nachzubilden.

**Paul Cézanne**
**(1839 Aix-en-Provence – 1906 ebenda)**
Nach einer gescheiterten Bewerbung an der École des Beaux-Arts in Paris belegte der französische Maler und Zeichner Paul Cézanne zunächst Aktzeichenkurse an der Académie Suisse. In den Ölgemälden und Aquarellen der späteren Jahre verfolgte er eine streng analytische Malweise, die jede Gestalt auf die Grundformen, Kugel, Kegel und Zylinder reduzierte. Zudem zog er es vor, seine Körperstudien nicht nach lebenden Modellen, sondern nach Vorlagen zu fertigen. Auch *Vénus accroupie* (*Kauernde Venus;* Abb. 7), 1885–1888, zeigt seinen Versuch, die Umrisse einer Figur Schritt für Schritt zeichnerisch exakt zu erfassen.

**Jean Cocteau (1889 Maison-Lafitte – 1963 Milly-la-Forêt)**
Nachdem der französische Schriftsteller und Regisseur Jean Cocteau 1917 erste autodidaktische Zeichnungen in seinem Gedichtband *Le Cap de Bonne-Espérance* veröffentlicht hatte, wurde die Illustration seiner schriftstellerischen Werke für ihn in den Folgejahren zunehmend selbstverständlich. Seine späteren eigenständigen Porträts zeichnen sich durch wenige klare, den Bildgegenstand umreißende Linien aus. Auch die Tuschezeichnung *El Cordobés* (Abb. 41), 1963, dokumentiert seinen charakteristischen Profilstil zwischen Reduktion und Ornament.

**Giorgio de Chirico**
**(1888 Volos – 1978 Rom)**
Nach dem Besuch der Kunsthochschule in Athen setzte der italienische Maler, Zeichner und Bildhauer Giorgio de Chirico seine Ausbildung in München fort. In seiner metaphysischen Phase entwarf er menschenleere Stadtarchitekturen, die nur von einzelnen *manichini* (Gliederpuppen) bevölkert wurden. Bezugnehmend auf die antike Mythologie griff er sie in seinen späteren Archäologengemälden wieder auf, versah sie mit Architekturfragmenten und setzte sie vielfach auch plastisch um. *Oreste e Pilade* (*Orest und Pylades;* Abb. 37), 1965, entspricht einer Kleinplastik, die er 1925 oder 1940 ursprünglich in Terrakotta modellierte.

**Edgar Degas**
**(1834 Paris – 1917 ebenda)**
Ergänzend zu seinem Studium an der École des Beaux-Arts in Paris erhielt der französische Maler und Zeichner Edgar Degas privaten Zeichenunterricht bei Louis Lamothe. Zeitlebens widmete er sich dem Unterfangen, Dinge durch Linien und Schatten darzustellen. Sein motivisches Hauptinteresse galt dabei Darstellungen des Alltags und des Großstadtlebens mit Ballett- und Theaterszenen. Wie andere Maler trieb Degas die Motive seiner Bilder in die dritte Dimension, die er allerdings nach 1881 nicht mehr öffentlich zeigte. In seinen plastischen Arbeiten der letzten Schaffensjahre zeigt sich eine großzügige Behandlung der Oberfläche, deren Bewegungen und Richtungswechsel auch in der *Femme enceinte* (*Schwangere Frau;* Abb. 3), 1896–1911, deutlich werden.

**André Derain**
**(1880 Chatou – 1954 Garches)**
Der französischer Maler und Zeichner André Derain studierte an

der Académie Carrière in Paris. Wie viele seiner Künstlerkollegen innerhalb der Avantgarde teilte er eine große Begeisterung für die außereuropäische Kunst und schuf von ihr beeinflusst auch plastische Arbeiten. *Le Jongleur* (*Der Jongleur;* Abb. 26), nach 1938, ist mit der flachen, maskenhaften Ausarbeitung des Gesichts und der vereinfachenden Wiedergabe der Figur durch kraftvoll geschwungene Grundlinien auf den Formenkanon afrikanischer Plastik zurückzuführen.

**Max Ernst (1891 Brühl – 1976 Paris)**
Als studierter Kunsthistoriker war der deutsche Maler und Zeichner Max Ernst Autodidakt. Mit der Frottage entwickelte er eine malerische Gestaltungstechnik, bei der er aus der Maserung von Holz und den Oberflächen anderer Materialien neue Muster und Bilder gewann. Ab 1927 entstanden auf diese Weise erste Bildserien seiner ikonenhaften Vogel-, Wald- und Muschelmotive, an denen er bis in sein Spätwerk hinein festhielt. Auch in der Radierung *Hommage à Rimbaud* (*Huldigung an Rimbaud;* Abb. 38), 1962, durchdringt er eine solche Muschelform mit wellenförmigen Texturen.

**Paul Gauguin**
**(1848 Paris – 1903 Hiva Oa)**
Auf die Suche nach dem Ideal eines archaischen, ursprünglichen Lebens reiste der französische Künstler Paul Gauguin, der als Maler und Bildhauer Autodidakt war, 1888 in die Südsee. Während des Aufenthalts in Tahiti entstand 1892 die Holzskulptur *Hina* (Abb. 24), die nach der polynesischen Göttin des Mondes benannt ist und erst zu einem späteren Zeitpunkt in Bronze gegossen wurde. Vorübergehend nach Paris heimgekehrt, schuf er druckgrafische Arbeiten, wie das Blatt *Ja Orana Maria* (*Gegrüßet seist du, Maria;* Abb. 28), 1894 bis 1895, auf dem er die exotisch anmutende Jungfrau mit Kind aus seinem gleichnamigen Gemälde, 1891 bis 1892, auf eine klare Linienführung zurückführte.

**Alberto Giacometti**
**(1901 Borgonovo – 1966 Chur)**
Der Schweizer Bildhauer und Zeichner Alberto Giacometti besuchte die Kunstgewerbeschule in Genf, ehe er 1922 in Paris an der Académie de la Grande Chaumière angenommen wurde. Sein das bildhauerische Werk bestimmendes Thema war die menschliche Figur im Raum, wobei sich die extreme Überlängung der Gliedmaßen und die wachsende Größe seiner Figuren zu besonderen Charakteristika entwickelten. Kleinplastiken wie *Femme debout* (*Stehende Frau;* Abb. 5) schuf er dagegen fast ausschließlich in den Kriegsjahren, die er im Genfer Exil verbrachte. In seiner letzten Schaffensphase kehrte er mit dem Porträt seiner Frau, der Bronze *Annette VI* (Abb. 30), 1962, zur Arbeit nach dem lebenden Modell zurück. Die Auseinandersetzung mit dem Menschen in der Leere des Raumes beschäftigte ihn darüber hinaus auch in seinen grafischen Arbeiten, *Nu de profil* (*Akt im Profil;* Abb. 31) und *Figure assise* (*Sitzende Figur;* Abb. 32), 1961, und *Rimbaud* (Abb. 33), 1962.

**Juan Gris (1887 Madrid – 1927 Boulogne-sur-Mer)**
Der unter dem bürgerlichen Namen José González Pérez geborene, spanische Maler und Zeichner Juan Gris ging nach seinem Maschinenbaustudium nach Paris. Seinen Lebensunterhalt verdiente er dort anfangs mit dem Zeichnen von Karikaturen. Auf der Rückseite der Zeichnung *L'enlèvement* (*Die Abfuhr*, Verso; Abb. 17), die am 31. August 1908 in der satirischen Zeitschrift *Le Témoin* publiziert wurde, erprobte er die Platzierung von Figuren im Raum. In mehreren, übereinanderliegenden Strichlagen dicker schwarzer Kohlelinien skizzierte er links im Vordergrund eine sitzende Frau mit Hut.

**Josef (Josip) Kaiser (* 1954 Bac)**
Der jugoslawische Bildhauer, Zeichner und Maler Josef Kaiser absolvierte sein Studium an der Wiener Hochschule für angewandte Kunst, an der er seit 1980 auch unterrichtet. Seine fragmentarischen Körperlandschaften setzt er auch auf Leinwand oder Papier um. Die Bildhauerei, insbesondere der Umgang mit dem Werkstoff Stein, steht jedoch im Zentrum seines künstlerischen Interesses. Skulpturale Fragmente wie *Kniende* (Abb. 8), 1985, während der Wiener Festwochen 1986 als »Ehrenvoller Museums-Ankauf« von der Kasser Mochary/Family Foundation erworben, belegen sein Experimentieren mit Form, Linie und Raum.

**Le Corbusier (1887 La Chaux-de-Fonds – 1965 Cap-Martin)**
Bereits in seiner Ausbildung zum Gravierer und Ziseleur entdeckte der unter dem Pseudonym Le Corbusier bekannte Schweizer Architekt, Maler und Designer Charles-Edouard Jeanneret-Gris sein Interesse für die Architektur. Mit einem eigenen Büro ab 1922 in Paris wurde er zu einem der einflussreichsten Architekten des 20. Jahrhunderts und war daneben als Städteplaner sowie Verfasser und Herausgeber architekturtheoretischer Schriften tätig. Grafische Arbeiten, wie die Mappe *Unité* (*Einheit;* Abb. 20–23), in der er den menschlichen Körper zeichnerisch in frei abstrahierte Formen und Linien auflöst, entstanden größtenteils in den letzten Schaffensjahren.

**Jacques Lipchitz**
**(1891 Druskininkai – 1973 Capri)**
Der litauische Bildhauer Chaim Jakoff Lipchitz, genannt Jacques, siedelte 1909 nach Paris über, um dort die École des Beaux-Arts und die Académie Julian zu besuchen. Nach der ersten Einzelausstellung seiner anfangs blockhaften Skulpturen löste Lipchitz sich von den kantigen Formen des Kubismus und verlieh seinen Figuren durch die Verwendung und Bündelung gekrümmter Linien eine wesentlich größere Bewegtheit. Unter Einbeziehung arabeskenhafter Schwünge gelangte er im Spätwerk zu einer enormen Formenvielfalt, die sich auch in *Danseuse aux voiles* (*Tänzerin mit Schleiern;* Abb. 14), 1947/48, eindrucksvoll widerspiegelt.

**René Magritte**
**(1898 Lessines – 1967 Brüssel)**
Der belgische Maler und Zeichner René Magritte studierte an der Brüsseler Akademie der Schönen Künste. Hauptthema seiner surrealistischen Bilder ist die Auseinandersetzung mit dem Verhältnis von Wirklichkeit und menschlicher Wahrnehmung. In *Ma mère l'oye* (*Meine Mutter, die Gans;* Abb. 40), 1968, erzeugt er ein Bildraster aus vertikalen Linien. Er platziert drei Hutträger in einer dichten Baumgruppe mit kerzengeraden Stäm-

men und lässt diese nur in den schmalen Zwischenräumen sichtbar werden, während er Körperpartien der Figuren ausspart.

**Aristide Maillol**
**(1861 Banyuls-sur Mer – 1944 ebenda)**
Der französische Bildhauer und Maler Aristide Maillol besuchte die École des Beaux-Arts in Paris. Mit seinem Bemühen um einen klassisch, statuarischen Figurenstil und plastisch geschlossene Volumina stand er jedoch im direkten Gegensatz zu Auguste Rodins dramatischer Expressivität und offener, vom Licht modellierter Form. *Femme accroupie* (*Kauernder Akt;* Abb. 6) ist eine von Maillols zahlreichen Vorstudien, in der er einen kompakten, üppigsinnlichen Frauenkörper mit sanft fließenden Linien umreißt.

**Giacomo Manzù**
**(1908 Bergamo – 1991 Ardea)**
Nach einem kurzen Studienaufenthalt an der Accademia Cicognini in Verona bildete sich der italienische Bildhauer Giacomo Manzù im Wesentlichen autodidaktisch weiter. Angeregt durch die Begegnung mit der Tänzerin Inge Schnabel fertigte er eine Serie von Bildnissen junger, anmutiger Frauenkörper, zu der auch *Busto di donna* (*Frauenbüste;* Abb. 35), 1955, gehört. In dem Porträt gibt Manzù ihr glattes, ebenmäßiges Gesicht mit einer auffallend geradlinigen Nase wieder. Auf dem sonst kaum strukturierten Oberkörper deutet er durch eine lange, tief eingeprägte Linie den runden Ausschnitt ihres Kleides an.

**Marino Marini**
**(1901 Pistoia – 1980 Viareggio)**
Sein Studium absolvierte der italienische Maler, Zeichner und Bildhauer Marino Marini an der Kunstakademie von Florenz. Neben weiblichen Akten, inspiriert von etruskischen Darstellungen der Göttin Pomona, entwickelte sich das Thema Pferd und Reiter zu seinem wichtigsten Werkkomplex. Bemüht um eine Reduktion des Motivs auf geometrische Grundformen, setzte er es in *Allucinazione* (*Halluzination;* Abb. 19), 1970, als loses, die Umrisse von Pferd und Reiter umschreibendes Gefüge schwarzer Linien und schraffierter Zwischenflächen um. Eine weitergehende Abstraktion bis hin zur Auflösung der Silhouetten der Figuren in ein unterschiedlich große Dreiecke bildendes, enger verknüpftes Liniennetz zeigt bereits die Lithografie (Abb. 18), 1963.

**Henri Matisse (1869 Le Cateau-Cambrésis – 1954 Nizza)**
Der französische Maler Henri Matisse besuchte gemeinsam mit Georges Rouault die Klasse von Gustave Moreau an der Pariser École des Beaux-Arts. Seine späteren plastischen Arbeiten entstanden im direkten Wechselspiel mit seiner künstlerischen Entwicklung als Maler und begleiteten diese. Der Kleinplastik *La Danse* (*Der Tanz;* Abb. 4), 1911, verlieh er durch ihre s-förmig geschwungene Köperlinie und leichte Eindrehung eine starke Bewegtheit. In ihrer Thematik und formalen Gestaltung knüpft sie an seine beiden gleichnamigen Gemälde aus den Jahren 1909 und 1909/10 an.

**Jean-François Millet**
**(1814 Gruchy – 1875 Barbizon)**
Mit einem Stipendium der Stadt Cherbourg studierte der französische Maler und Zeichner Jean-François Millet ab 1837 an der Pariser École des Beaux-Arts. *Le repos des moissoneurs* (*Ruth et Boaz*), eines seiner bekanntesten Landschaftsgemälde entstand 1853 nach der alttestamentarischen Geschichte von Ruth und Boaz. Bei der Kohle- und Kreidezeichnung *Études pour »Le repos des moissoneurs* (*Ruth et Boaz*)« (*Studien zu »Erntehelfer bei der Rast [Ruth und Boaz]«;* Abb. 16), 1850 bis 1853, handelt es sich um eine von mehr als fünfzig vorangegangenen Proportions-, Gewand- und Bewegungsstudien.

**Joan Miró (1893 Barcelona – 1983 Palma de Mallorca)**
Nach seinem 1912 begonnenen Studium an der Akademie Galí in Barcelona zog der spanische Maler, Zeichner und Bildhauer Joan Miró 1920 nach Paris um. Dort gab er die Gegenständlichkeit auf und entwickelte in seinen Gemälden und Druckgrafiken, die er ab 1930 schuf, eine fantasievolle Bildsprache aus Symbolen für Mond, Sterne, Vogel und Frau. In der Farblithografie *Hommage à Rimbaud* (*Huldigung an Rimbaud;* Abb. 15), 1962, platziert er seine linearen, minimalistischen Bildzeichen vor einem Hintergrund aus bunten Farbtupfen.

**Amedeo Modigliani**
**(1884 Livorno – 1920 Paris)**
Der italienische Maler, Zeichner und Bildhauer Amedeo Modigliani besuchte ab 1902 Zeichenkurse an den Akademien von Florenz und Venedig, bevor er 1906 an die Pariser Académie Colarossi wechselte. Hauptmotive seiner Malerei wurden ab 1912 der weibliche Akt und das Porträt. In seinen Frauenbildnissen hielt er seine Modelle dabei meist mittels weniger, zarter Konturen fest. Lediglich Lippen, Augenbrauen und Nasen hebt er durch geschwungene Linien in dem kaum modellierten Gesicht der Zeichnung *Le corsage rose* (*Die rosa Bluse;* Abb. 25), 1913 bis 1917 hervor.

**László Moholy-Nagy**
**(1895 Bácsborsód – 1946 Chicago)**
Der ungarische Maler, Designer und Fotograf László Moholy-Nagy avancierte nach Abschluss seines Jurastudiums zu einer der wichtigsten Figuren des deutschen Bauhauses. Der multimedial interessierte Künstler beschäftigte sich mit Typografie, Design, Bühnenbildentwürfen, Lichtexperimenten, Fotografie und drehte Experimentalfilme. Filmisch hielt er auch die Bewegungen des durch die Kraft eines Elektromotors angetriebenen *Licht-Raum-Modulators,* einer lichtkinetischen Plastik aus Plexiglas, fest. Zeichnerisch weicher mutet seine *Composition* (*Komposition;* Abb. 11), 1941, mit ihren ineinandergeschwungenen, kurvigen Linienverläufen an.

**Henry Moore (1898 Castleford – 1986 Much Hadham)**
Der englische Bildhauer und Zeichner Henry Moore, der wie kein anderer die Skulptur der ersten Nachkriegsjahrzehnte geprägt hat, erhielt seine bildhauerische Ausbildung in Leeds und London. Wichtige Anregungen zur Entwicklung seines Figurenstils fand er anhand von Kieseln, Knochen, Muscheln oder Holz in der Natur. Sein zentrales Leitmotiv, die Liegende, schlug er in Stein, hielt sie in zeichnerischen Studien fest und setzte sie mit *Reclining Figure* (*Liegende;* Abb. 13), 1951–1966, druckgrafisch um. Die Gruppe *Two Seated Figures Against Wall* (*Zwei sitzende Figuren vor einer Wand;* Abb. 29), 1960, modellierte er wie

viele seiner schöpferischen Ideen zunächst als Maquette in Ton, um sie anschließend in Bronze gießen zu lassen.

**Eduardo Paolozzi**
**(1924 Edinburgh – 2005 London)**
Der schottisch-italienische Bildhauer Eduardo Paolozzi besuchte das College of Art in Edinburgh, ehe er sein Studium in Oxford abschloss. In den späteren Schaffensjahren schuf er zahlreiche Grafiken, in denen die Auseinandersetzung mit dem Leben des Philosophen Ludwig Wittgenstein eine Schlüsselrolle einnahm. Sein fotografisches Porträt reproduzierte Paolozzi in *A Logical Picture of Facts is a Thought* (*Das logische Bild der Tatsachen ist der Gedanke;* Abb. 36), 1995, in neun unterschiedlichen Varianten der Verfremdung, durchwirkt von einem dichten Gewirr aus mehrfarbigen Linien und Kreisen, das an technische Konstruktionszeichnungen erinnert.

**Auguste Rodin**
**(1840 Paris – 1917 Meudon)**
Der französische Bildhauer Auguste Rodin besuchte die École Impériale Spéciale de Dessins et Mathématique in Paris. Durch das Setzen von neuen Maßstäben in der Bildhauerei wurde er zu einem der wichtigsten Wegbereiter der Moderne. Er begann neue Möglichkeiten des plastischen Mediums zu erproben, beispielsweise verzichtete er auf kompositorische Elemente wie den klassischen Kontrapost oder er fragmentierte seine Figuren. Auch stellten körpermodellierende Linien und raumgreifende Bewegungen für ihn immer wieder neue Herausforderungen dar. So prägt ein Körpergeflecht von Krümmungen und Schlingungen die Komposition des posthum als *Les Femmes damneés* (*Verdammte Frauen;* Abb. 10), 1885–1890, betitelten Frauenpaares. Im neuen Verständnis von Figur und Raum fragmentierte er hingegen die *Figure volante* (*Fliegende Figur;* Abb. 1), 1890/91 und reduzierte sie zur Diagonalen, die sich vom Bein über die seitliche Neigung des Oberkörpers erstreckt. Auch in *L'éternelle idole* (*Das ewige Idol;* Abb. 12), 1893, wird eine diagonale Ausrichtung der aneinandergeschmiegten Liebenden im Raum deutlich.

**Georges Rouault**
**(1871 Paris – 1958 ebenda)**
Dem französischen Maler und Zeichner Georges Rouault gelang es, nach seiner Lehre bei einem Pariser Glasmaler an der École des Beaux-Arts in die Klasse von Gustave Moreau aufgenommen zu werden. Ermuntert durch den Kunsthändler Ambroise Vollard schuf Rouault eine Fülle von grafischen Arbeiten, wie *Fille au grand chapeau* (*Junge Frau mit großem Hut;* Abb. 27), 1929, aus der Serie *Réincarnations de Père Ubu* (*Die Reinkarnationen des Vaters Ubu*), die neben seinem Zyklus zu dem Bibelpsalm *Miserere,* einen der Höhepunkte seines künstlerischen Schaffens bildet.

**Pierre Soulages (* 1919 Rodez)**
Ohne akademische Ausbildung eröffnete der französische Maler und Zeichner Pierre Soulages nach dem Zweiten Weltkrieg sein Atelier bei Paris. Anfangs galt sein Interesse einzelnen kalligrafiehaften Formen. Mit breitem Pinselstrich entwickelte er eine großformatige, ungegenständliche, gestisch reduzierte Malerei auf wechselndem Grund. In späteren Gemälden kehrte er wieder zur Darstellung einzelner Zeichen zurück. Eine Entwicklung, die sich anhand des Blattes *Lithographie No. 28* (*Lithografie Nr. 28;* Abb. 39), 1970, auch für sein umfangreiches druckgrafisches Œuvre belegen lässt.

**Ricardo Ulloa Garay (* 1938 San José)**
Der costa-ricanische Schriftsteller und Illustrator Ricardo Ulloa Garay studierte in Kalifornien und Mexiko, ehe er an der Universität von Costa Rica eine Professur für Psychologie antrat. 1984 illustrierte er erstmals einen seiner Gedichtbände mit seinen charakteristischen Linienzeichnungen. Ausgeführt in einer einzigen, fortlaufenden Linie, geben sie seine präzisen, pointierten Beobachtungen des menschlichen Zusammenlebens wieder. Gleiches gilt für die Blätter *Anochecer* (*Einbruch der Nacht;* Abb. 46), *Bullicio* (*Tumult/Lärm;* Abb. 47), *El Asombro* (*Das Staunen*), *El limite del silencio* (*Die Grenze des Schweigens;* Abb. 44), *En la acera* (*Auf dem Gehsteig;* Abb. 43), *Espacio del Domingo* (*Sonntäglicher Raum;* Abb. 42) und *Vidas Paralelas* (*Parallele Leben;* Abb. 45), 1989, in denen er mittels der Linie lebhafte, teils humorvolle Straßen- und Alltagsszenen gestaltet.

**Jacques Villon**
**(1875 Damville – 1963 Puteaux)**
Während seines Studiums an der École Nationale Supérieure des Beaux-Arts in Paris arbeitete der französische Maler und Zeichner Jacques Villon als Illustrator für diverse satirische Magazine. Neben der Malerei stellte die Druckgrafik zeitlebens einen wichtigen Bereich seiner künstlerischen Tätigkeit dar. Mit einer lebendigen, schwingenden Linienführung erfasst er in *Portrait d'Arthur Rimbaud* (*Porträt Arthur Rimbaud;* Abb. 34), 1961, die Konturen des französischen Dichters, über die er eine Struktur aus zarten Längsschraffuren legt.

# The Artists

**Alexander Arkhipenko (1887 Kiev – 1964 New York)**
The Ukrainian sculptor and painter Alexander Arkhipenko did not complete his studies at the Kiev Art School. Instead he went to Paris in 1908. There, he created his first glass, metal and wood sculptures, in which he produced the volumes from the relationship between curving convex and concave lines. In *Flat Torso* (fig. 48), whose first plaster version he produced in 1914, the female torso played a central role. A marble version on an alabaster plinth followed in 1922, then later models made of aluminium and gilded plaster as well as several bronze casts.

**Jean (Hans) Arp (1886 Strasbourg – 1966 Basel)**
After graduating from the Académie Julian in Paris, the Franco-German painter, sculptor and poet Jean (Hans) Arp set off in search of new artistic possibilities of expression. After the Second World War he developed, in his new biomorphic reliefs, sculptures and paintings, a 'concrete' language of forms by combining basic items of everyday perception, such as an egg, a wheel or a torso, as elemental forms. Analogously he created works on paper such as the two-colour woodcut *Arthur Rimbaud* (fig. 9), 1962.

**John Bellany (b. 1942, Port Seton)**
For the Scottish painter and draughtsman John Bellany, life in the fishing village where he grew up remained the most important source of inspiration, even after his studies in Edinburgh and London. In a naïve, colourful and expressive imagery he portrayed aspects of his own and Alexander Kasser's lifestory as an epic sea voyage in *Odyssey* (fig. p. 23), 1998. Bellany put a personal dedication to the collectors Elisabeth and Alexander Kasser on the outer edge of the plate. 75 impressions of the screen print were produced, which were then published in collaboration with the Kassers' daughter, Mary V. Mochary.

**Alexander Calder (1898, Lawton – 1976, New York)**
The American sculptor Alexander Calder, who began his artistic career largely self-taught, discovered his passion for the circus in 1924, when he worked as a press sketcher in New York, a job that regularly required him to attend performances. Further circus drawings, such as *Balancing Woman* (fig. 2), from 1930 to 1932, were produced during his time in Paris. In 1926 he enrolled in the Académie de la Grande Chaumière and made initial attempts to represent the motifs as movable figures made of wood and wire.

**Paul Cézanne (1839 Aix-en-Provence – 1906 Aix-en-Provence)**
After a failed application to the École des Beaux-Arts in Paris, the French painter and draughtsman Paul Cézanne took life-classes at the Académie Suisse. He pursued a strictly analytical painting style in the watercolours and oil paintings he produced in later years, which reduced every form to the fundamental shapes of spheres, cones and cylinders. In addition, he preferred to create his figure studies not from live models, but from existing depictions. His drawing *Vénus accroupie* (*Crouching Venus;* fig. 7), 1885–88, also reveals his attempt to capture the outlines of a figure step by step in exact detail.

**Jean Cocteau (1889 Maison-Lafitte – 1963 Milly-la-Forêt)**
After the French author and director Jean Cocteau published his first autodidactic drawings in his volume of poems *Le Cap de Bonne-Espérance* in 1917, the illustration of his written works became increasingly matter-of-course for him in subsequent years. His later, independent portraits are characterized by a few, clear lines that contour the object. The ink drawing *El Cordobés* (fig. 41), 1963, also documents his characteristic profile style, which lies between reduction and ornament.

**Giorgio de Chirico (1888 Volos – 1978 Rome)**
After attending the art academy in Athens, the Italian painter, draughtsman and sculptor Giorgio de Chirico continued his training in Munich. During his metaphysical phase he composed deserted-city architectures that were populated only by individual 'manichini' (manikins). In reference to ancient mythology, he went back to them again in his later archaeological paintings, equipped them with architectural fragments and often also made them into sculptures. *Oreste e Pilade* (*Orestes and Pylades;* fig. 37), 1965/66, corresponds to a small sculpture that he originally modelled in terracotta in 1925 or 1940.

**Edgar Degas (1834 Paris – 1917 Paris)**
To supplement his studies at the École des Beaux-Arts in Paris, the French painter and draughtsman Edgar Degas received private drawing lessons from Louis Lamothe. He devoted himself throughout his life to the aim of trying to depict things through lines and shadows. The motifs he was most interested in were everyday life and city life with ballet and theatre scenes. Like other painters, Degas created three-dimensional works from his pictures, albeit not for public exhibition after 1881. The sculptural works he produced during his final creative years reveal a generous treatment of the surface, whose movements and changes of direction can also be seen clearly in *Femme enceinte* (*Pregnant Woman;* fig. 3), 1896–1911.

**André Derain (1880 Chatou – 1954 Garches)**
The French painter and draughtsman André Derain studied at the Académie Carrière in Paris. Like many of his fellow artists who were members of the avant-garde, he shared a great enthusiasm for art from outside Europe and also produced sculptural works that were influenced by it. *Le Jongleur* (*The Juggler;* fig. 26), after 1938, can be traced back to the form canon of African sculpture with the flat, mask-like working of the face and the simplified representation of the body, an effect achieved by powerful, curving basic lines.

**Max Ernst (1891 Brühl – 1976 Paris)**
The German painter and draughtsman Max Ernst had studied art

history and was thus a self-taught artist. With frottage he developed an artistic technique that allowed him to obtain new patterns and pictures from wood grain and the surfaces of other materials. From 1927 onwards this is how he created his first picture series of his icon-like bird, forest and shell motifs, which he retained into his late work. In the etching *Hommage à Rimbaud* (*Homage to Rimbaud;* fig. 38), 1962, he also infuses a shell with wave-like textures.

**Paul Gauguin**
**(1848 Paris – 1903 Hiva Oa)**
In search of the ideal of an archaic, pristine life, the French artist Paul Gauguin, who was a self-taught painter and sculptor, travelled to the South Seas in 1888. During his stay in Tahiti he produced 1892 the wood sculpture *Hina* (fig. 24), which is named after the Polynesian goddess of the moon and was only cast in bronze at a later date. He temporarily returned to Paris, where he created prints such as *Ja orana Maria* (*Hail Mary*; fig. 28), 1894 to 1895, where he returned the exotic-looking Virgin and Child, taken from his 1891/92 painting of the same name, to clear lines.

**Alberto Giacometti**
**(1901 Borgonovo – 1966 Chur)**
The Swiss sculptor and draughtsman Alberto Giacometti attended the School of Applied Arts in Geneva before he was accepted at the Académie de la Grande Chaumière in Paris in 1922. The subject that characterized his sculptural creations was the human body in space; the extreme elongation of the limbs and the increasing height of his figures became his distinctive features. Small sculptures, such as *Femme debout* (*Standing Woman*, fig. 5), were, on the other hand, created almost exclusively during the war years, which he spent in exile in Geneva. During his final creative phase he returned to working from life, starting with the portrait of his wife, the bronze *Annette VI* (fig. 30), 1962. The confrontation with the human being in the emptiness of space also occupied him in his graphic works *Nu de profil* (*Nude in profile*; fig. 31) and *Figure assise* (*Seated figure*; fig. 32), 1961 and *Rimbaud* (fig. 33), 1962.

**Juan Gris (1887 Madrid – 1927 Boulogne-sur-Mer)**
The Spanish painter and draughtsman Juan Gris, who was born José González Pérez, went to Paris after studying mechanical engineering. He initially earned his livelihood there by drawing caricatures. On the back of the drawing *L'enlèvement* (*The Abduction*, verso; fig. 17), which was published in the satirical journal *Le Témoin* on 31 August 1908, he practised placing figures in space. Layering several thick charcoal lines on top of each other, he sketched a seated woman wearing a hat on the left-hand-side in the foreground.

**Josef (Josip) Kaiser (b. 1954, Bac)**
The Yugoslav sculptor, draughtsman and painter Josip Kaiser completed his studies at the University of Applied Arts in Vienna, where he has also been teaching since 1980. He also executes his fragmentary body landscapes on canvas and on paper. Sculpture, particularly working with stone, has been the focus of his artistic interest, however. Sculptural fragments such as *Kniende* (*Kneeling Woman*, fig. 8), 1985, acquired during the Vienna Festival in 1986 as an "honourable museum purchase" by the Kasser Mochary/Family Foundation, are testament to his experimentation with form, line and space.

**Le Corbusier (1887 La Chaux-de-Fonds – 1965 Cap-Martin)**
The Swiss architect, painter and designer Charles-Édouard Jeanneret-Gris, known by the pseudonym Le Corbusier, discovered his interest in architecture during his training as an engraver and chaser. He had his own office in Paris from 1922 and with it, he became one of the most influential architects of the 20th century; he also worked as a town planner and as the author and editor of journals of architectural theory. Graphic works, such as the *Unité* portfolio (*Unity*; figs. 20–23), in which he broke down the human body by drawing it in freely abstracted forms and lines, were largely produced in his final creative years.

**Jacques Lipchitz**
**(1891 Druskininkai – 1973 Capri)**
The Lithuanian sculptor Chaim Jacob (better known as Jacques) Lipchitz, moved to Paris in 1909 in order to attend the École des Beaux-Arts and the Académie Julian. After the first solo exhibition of his initially block-like sculptures, Lipchitz moved away from the angular forms of Cubism and gave his figures a significantly more dynamic appearance by using and bundling curved lines. By including arabesque-like sweeps, he was able to draw on a great diversity of forms in his late works, which is also impressively reflected in *Danseuse aux voiles* (*Dancing-girl with Veils*; fig. 14), 1947/48.

**René Magritte**
**(1898 Lessines – 1967 Brussels)**
The Belgian painter and draughtsman René Magritte studied at the Académie Royale des Beaux-Arts in Brussels. His Surrealist paintings focus on the confrontation with the relationship between reality and human perception. In *Ma mère l'oye* (*My Mother, the Goose*; fig. 40), 1968 he creates a grid of vertical lines. He placed three men in hats in a dense group of trees with dead straight trunks; vertical 'slices' of the figures are omitted, so that narrow gaps between the trees are also gaps between the parts of the figures.

**Aristide Maillol (1861 Banyuls-sur-Mer – 1944 Banyuls-sur-Mer)**
The French sculptor and painter Aristide Maillol attended the École des Beaux-Arts in Paris. In his efforts to produce a classical, statuesque figure style and plastically closed volumes, his approach was in direct contrast to Auguste Rodin's dramatic expressivity and open, light-modelled forms. *Femme accroupie* (*Crouching Woman;* fig. 6) is one of Maillol's numerous preparatory studies in which he contoured a compact, voluptuous woman's body with gently flowing lines.

**Giacomo Manzù**
**(1908 Bergamo – 1991 Ardea)**
After a brief period of study at the Accademia Cicognini in Verona, the Italian sculptor Giacomo Manzù mainly developed his craft self-taught. Inspired by his encounter with the dancer Inge Schnabel, he produced a series of likenesses of young, comely women's bodies, such as *Busto di donna* (*Bust of a Woman;* fig. 35), 1955. In the portrait, Giacomo

Manzú depicts her smooth, symmetrical face with a strikingly straight nose. On the otherwise largely unstructured upper body he hints at the round neckline of her dress with a long, firm line.

**Marino Marini (1901 Pistoia – 1980 Viareggio)**

The Italian painter, draughtsman and sculptor Marino Marini completed his studies at the Accademia di Belle Arti in Florence. In addition to female nudes, inspired by Etruscan depictions of the goddess Pomona, the motif of horse and rider became his most important set of works. At pains to achieve a reduction of the motif to basic geometrical shapes, he implemented this idea in *Allucinazione* (*Hallucination;* fig. 19), 1970, as a loose pattern suggesting the outlines of the horse and rider with black lines and shaded areas. A further abstraction sometimes all the way to the dissolution of the figures' silhouettes to produce a tight network of lines consisting of different-sized triangles can be seen already in the 1963 lithograph (fig. 18).

**Henri Matisse (1869 Le Cateau-Cambrésis – 1954 Nice)**

The French painter Henri Matisse attended the class of Gustave Moreau at the École des Beaux-Arts in Paris together with Georges Rouault. His later sculptural works were created in a direct interplay with his artistic development as a painter. He gave his small sculpture *La Danse* (*Dance;* fig. 4), 1911, great movement through the S-shaped body line and slight twist. Its theme and formal design follow on from his two paintings of the same name from the years 1909 and 1909/10.

**Jean-François Millet (1814 Gruchy – 1875 Barbizon)**

With a scholarship from the town of Cherbourg, the French painter and draughtsman Jean-François Millet went to the École des Beaux-Arts in Paris in 1837. In 1853 he painted *Le repos des moissoneurs* (*Ruth et Boaz*) (*Harvesters Resting* [*Ruth and Boaz*]), one of his best-known works, based on the Old Testament story of Ruth and Boaz. His charcoal and chalk drawing *Études pour 'Le repos des moissoneurs* (*Ruth et Boaz*)' (*Studies for 'Harvesters Resting* [*Ruth and Boaz*]'; fig. 16) 1850 to 1853, is one of more than fifty antecedent proportion, dress and movement studies.

**Joan Miró (1893 Barcelona – 1983 Palma de Mallorca)**

After starting his training at the Galí Academy in Barcelona in 1912, the Spanish painter, draughtsman and sculptor Joan Miró moved to Paris in 1920. There he gave up figuration and developed a fantasy-rich imagery of symbols for moon, stars, birds and women in the paintings and printed works he created from 1930 onwards. In the colour lithograph *Hommage à Rimbaud* (*Homage to Rimbaud;* fig. 15), 1962, he placed his linear, minimalist symbols against a background of colourful splashes of paint.

**Amedeo Modigliani (1884 Livorno – 1920 Paris)**

The Italian painter, draughtsman and sculptor Amedeo Modigliani started attending drawing courses at the academies in Florence and Venice from 1902 onwards, before he switched to the Académie Colarossi in Paris in 1906. From 1912 he painted mainly in the genres of the female nude and the portrait. In his depictions of women he usually captured his models in a few, gentle contours. In the barely modelled face in the drawing *Le corsage rose* (*The Pink Blouse;* fig. 25), 1913 to 1917, he made only the lips, eyebrows and nose stand out by sweeping lines.

**László Moholy-Nagy (1895 Bácsborsód – 1946 Chicago)**

The Hungarian painter, designer and photographer László Moholy-Nagy rose to become one of the most important figures of the German Bauhaus after completing his law degree. The artist, who was interested in several different media, occupied himself with typography, design, stage sets, light experiments and photography and he also made experimental films. It was on film too that he captured the movements of a Light Space Modulator, a light-kinetic Perspex sculpture powered by an electric motor. His drawing *Composition* (fig. 11), 1941, has a softer feel, with rounded, intertwining lines.

**Henry Moore (1898 Castleford – 1986 Much Hadham)**

The English sculptor and draughtsman Henry Moore, who shaped the field of sculpture like almost no-one else during the first post-war decades, trained as a sculptor in Leeds and London. Important inspiration for the development of his figurative style came from pebbles, bones, shells and wood in nature. His central leitmotif, reclining figures, he captured in stone and in preparatory drawings, and also made it the subject of the print *Reclining Figure* (fig. 13), 1951–1966. Like so many of his ideas he initially modelled the 1960 group *Two Seated Figures Against Wall* (fig. 29), as a maquette in clay, in order to have it subsequently cast in bronze.

**Eduardo Paolozzi (1924 Edinburgh – 2005 London)**

The Scottish-Italian sculptor Eduardo Paolozzi attended the College of Art in Edinburgh, before he completed his studies at Oxford. During his later creative years he produced numerous prints in which his confrontation with the life of Ludwig Wittgenstein played a key role. In *A Logical Picture of Facts is a Thought* (fig. 36), 1995 Paolozzi reproduced the philosopher's photograph portrait in nine different kinds of alienation, pervaded by a dense tangle of multi-coloured lines and circles reminiscent of technical construction drawings.

**Auguste Rodin (1840 Paris – 1917 Meudon)**

The French sculptor Auguste Rodin attended the École Impériale Spéciale de Dessins et Mathématique in Paris. By setting new standards in sculpture he became one of the most important trailblazers of Modernity. He started testing out new possibilities for the sculptural medium, such as making do without compositional elements such as the classical contrapposto, and he fragmented his figures. Body-modelling lines and space-filling movements always provided new challenges for him. Thus, the composition posthumously entitled *Les Femmes damneés* (*Damned Women;* fig. 10), 1885–1890, is characterized by intertwining bodies, twisting and winding. In the new understanding of figures and space on the other hand, he fragmented the *Figure volante* (*Flying Figure;* fig. 1), 1890/91, and reduced it to a

diagonal that stretches from the leg over the side of the leaning torso. *L'éternelle idole* (*The Eternal Idol;* fig. 12), 1893, also features a diagonal arrangement of the two nuzzling lovers in space.

**Georges Rouault**
**(1871, Paris – 1958, Paris)**
After his apprenticeship with a stained-glass maker in Paris, the French painter and draughtsman Georges Rouault managed to get accepted into Gustave Moreau's class at the École des Beaux-Arts. Encouraged by the art dealer Ambroise Vollard, Rouault created a wealth of graphic works, such as *Fille au grand chapeau* (*Young Woman with Large Hat*; fig. 27), 1929, from the series *Réincarnations de Père Ubu* (*The Reincarnations of Father Ubu*), which, along with his cycle on the Biblical psalm 51, *Miserere,* formed a high point of his creative work.

**Pierre Soulages (b. 1919, Rodez)**
Without any academic training the French painter and draughtsman Pierre Soulages opened his studio near Paris after the Second World War. At first he was interested in individual calligraphic shapes. Using wide brushstrokes, he developed a large-format, gesturally reduced abstract style of painting on different grounds. In later paintings he returned to depicting individual signs. It is a development that can be seen in his extensive prints, taking *Lithographie No. 28* (*Lithograph No. 28*; fig. 39), 1970, as an example.

**Ricardo Ulloa Garay (b. 1938, San José)**
The Costa Rican author and illustrator studied in California and Mexico before he becoming professor of psychology at the University of Costa Rica. In 1984 he illustrated one of his poetry volumes with his characteristic line drawings for the first time. Executed in a single, continuous line, they reflect his accurate and astute observations of human interaction. The same is true of the works *Anochecer* (*Nightfall*; fig. 46), *Bullicio* (*Tumult*; fig. 47), *El Asombro* (*Amazement*), *El limite del silencio* (*The Limit of Silence*; fig. 44), *En la Acera* (*On the Pavement*; fig. 46), *Espacio del Domingo* (*Sunday Space*; fig. 42) and *Vidas Paralelas* (*Parallel Lives*; fig. 45), 1989, in which he used the line to create lively and sometimes humorous street and everyday scenes.

**Jacques Villon**
**(1875 Damville – 1963 Puteaux)**
During his studies at École Nationale Supérieure des Beaux-Arts in Paris, the French painter and draughtsman Jacques Villon worked as an illustrator for various satirical magazines. Besides painting, printmaking was an important area of his artistic activity throughout his life. In *Portrait d'Arthur Rimbaud* (*Portrait of Arthur Rimbaud;* fig. 34), 1961, he used a lively, oscillating line to capture the contours of the French poet, over which he created a structure of delicate diagonal hatching.

# Werkverzeichnis

**Alexander Archipenko**
*Flat Torso* (*Flacher Torso*), 1914
Bronze, Guss nicht verifiziert, vor 1940
36,5 × 8,5 × 5,5 cm
Signiert auf der Oberseite der Basis vorne: ARCHIPENKO; bezeichnet auf der Basis hinten: AMER ART F'DRY. N.Y.

Provenienz
Bis Mitte der 1940er-Jahre Weyhe Galleries, New York, NY; ab Mitte der 1940er-Jahre V. Sterba, USA; bis 1970 Schaeffer Galleries, New York, NY; seit 1970 Kasser/Mochary Family Collection

Ausstellungen
Origins of Modern Sculpture, The Detroit Institute of Arts, Detroit, MI 1946, Nr. 132, S. 112; Collector's Choice Exhibition; Selected Works of Sculpture and Painting Lent by the Kasser Art Foundation, Palm Springs Desert Museum, Palm Springs, CA 1972, S. 2

Literatur
Aukt.-Kat. Important 19th–20th Century Sculpture, Parke-Bernet Galleries, Inc., New York, NY 1970, Nr. 60A; One Hundred Selected Masterpieces, XIX/XX Century – Kasser Art Foundation, hg. von Kasser Art Foundation, Montclair, NJ, 1992, S. 106f.

**Jean (Hans) Arp**
*Arthur Rimbaud*, 1962
aus: *Arthur Rimbaud vu par des peintres contemporains, Neuf gravures originales,* mit Werken von Jean Arp, Georges Braque, Jean Cocteau, Max Ernst, Valentine Hugo, Alberto Giacometti, Joan Miró, Pablo Picasso, Jaques Villon, 1962
Farbholzschnitt
Blatt 48,8 × 37,4 cm / Stock 19,4 × 15,5 cm
Signiert unten links: ARP; nummeriert unten rechts: 38/97; Druck: Fequet et Baudier, Paris

Provenienz
Marcel Adler, Beaux livres – Estampes modernes, Lausanne; seit 1974 Kasser/Mochary Collection

Literatur
Wilhelm F. Arntz, Hans (Jean) Arp. Das graphische Werk 1912–1966, Haag 1980, Kat.-Nr. 235, S. 203

**John Bellany**
*Odyssey* (*Odyssee*), 1998
Siebdruck
85,5 × 117 cm
Signiert und datiert oben rechts: Bellany '98; nummeriert oben rechts: 46/100; Druck: Gresham Studio Ltd., Cambridge

Provenienz
Seit 1998 Kasser/Mochary Collection

**Alexander Calder**
*Balancing Woman* (*Seiltänzerin*), um 1930–1932
Tusche auf Papier, auf Holzpappe kaschiert
57,2 × 75,1 cm
Signiert unten rechts: calder

Provenienz
Seit 1970 Kasser/Mochary Collection

Ausstellungen
Irdische Paradiese – Meisterwerke aus der Kasser Art Foundation, Kunstsammlungen und Museen Augsburg / Schaezlerpalais, Augsburg 2009, Kat.-Nr. 7, S. 66f.; Földi paradicsom – Modern mesterművek a Kasser-Mochary Gyűjteményből, Ungarische Nationalgalerie, Budapest 2010, Kat.-Nr. 7, S. 25

Literatur
Aukt.-Kat. Modern French & Other Paintings, Drawings and Sculpture: Brauner, Calder, Camoin, et al., Parke-Bernet Galleries, Inc., New York, NY 1970, Kat.-Nr. 64; One Hundred Selected Masterpieces, XIX/XX Century – Kasser Art Foundation, hg. von Kasser Art Foundation, Montclair, NJ, 1992, S. 212

**Paul Cézanne**
*Vénus accroupie* (*Kauernde Venus*), 1885–1888
Bleistift auf Papier
47,5 × 30,8 cm

Provenienz
Ambroise Vollard, Paris; bis 1957 Dr. Fritz Nathan und Dr. Peter Nathan, Zürich; 1957–1971 Norton Simon, Los Angeles, CA; seit 1971 Kasser/Mochary Collection

Ausstellungen
Festival '72. Exhibition of Decorative and Fine Arts from New Jersey Private Collections, New Jersey State Museum, Trenton, NJ, 1972, Kat.; Irdische Paradiese – Meisterwerke aus der Kasser Art Foundation, Kunstsammlungen und Museen Augsburg / Schaezlerpalais, Augsburg 2009, Kat.-Nr. 9, S. 75ff.; Földi paradicsom – Modern mesterművek a Kasser-Mochary Gyűjteményből, Ungarische Nationalgalerie, Budapest 2010, Kat.-Nr. 9, S. 27

Literatur
Lionello Venturi, Cézanne, son art – son œuvre, Paris 1936, Nr. 1441, S. 371; Aukt.-Kat. 19th and 20th Century Paintings, Drawings and Sculpture, Parke-Bernet Galleries, Inc., New York, NY 1971, Kat.-Nr. 26; Adrien Chappuis, The Drawings of Paul Cézanne. A Catalogue Raisonné, Bd. 2, New York, NY 1973, Nr. 950; One Hundred Selected Masterpieces, XIX/XX Century – Kasser Art Foundation, hg. von Kasser Art Foundation, Montclair, NJ, 1992, S. 56f.

**Giorgio de Chirico**
*Oreste e Pilade* (*Orest und Pylades*), 1925 oder 1940
Bronze, Guss 1965
28 × 23,5 × 21,5 cm
Signiert und nummeriert auf der Basis rechte Seite: G. de Chirico / 5/6; bezeichnet auf der Basis hinten unten links: MODERN-ART FODRY. N.Y.

Provenienz
Carlo F. Bilotti Collection, New York; Weintraub Gallery, New York, NY; seit 1972 Kasser/Mochary Collection

Ausstellungen
Omaggio a De Chirico. Opere dal 1912 al 1934, La Medusa Gallery, Rom 1966, Kat., Abb. (bez. als

»Archeologi, 1921«); Brera Gallery, Mailand 1967, Kat.; Twentieth Century Italian Art, from the Carlo F. Bilotti Collection, Finch College Museum, New York, NY / Penn State University, Pennsylvania PA 1967, Kat.; Irdische Paradiese – Meisterwerke aus der Kasser Art Foundation, Kunstsammlungen und Museen Augsburg / Schaezlerpalais, Augsburg 2009, Kat.-Nr. 16, S. 95ff.; Földi paradicsom – Modern mesterművek a Kasser-Mochary Gyűjteményből, Ungarische Nationalgalerie, Budapest 2010, Kat.-Nr. 16, S. 34

Literatur
Catalogo generale di Giorgio de Chirico, Bd. 2. Opere dal 1931 al 1950, hg. von Claudio Bruni, Mailand 1971, Kat.-Nr. 138; One Hundred Selected Masterpieces, XIX/XX Century – Kasser Art Foundation, hg. von Kasser Art Foundation, Montclair, NJ, 1992, S. 192f.

**Jean Cocteau**
*El Cordobés*, 1963
Tusche auf Papier
33,1 × 20,9 cm
Signiert mit dem »device star« und datiert unten rechts: Jean / * 1963

Provenienz
Seit 1967 Kasser/Mochary Collection

Ausstellungen
With a French Accent, The Montclair Art Museum, Montclair, NJ, 1971, Kat.-Nr. 27

Literatur
One Hundred Selected Masterpieces, XIX/XX Century – Kasser Art Foundation, hg. von Kasser Art Foundation, Montclair, NJ, 1992, S. 198f.

**Edgar Degas**
*Femme enceinte* (*Schwangere Frau*), 1896–1911
Bronze, Guss um 1919
43,5 × 17,5 × 15,5 cm
Signiert auf der Basis vorne rechts: Degas; bezeichnet auf der Basis (hinter dem rechten Fuß der Figur): CIRE / PERDUE / A A.HEBRARD; nummeriert auf der Basis: 24 / D

Provenienz
Bis 1929 A. A. Hébrard; 1929–1956 Justin K. Tannhauser, München, Paris, New York; ab 1956 bis um 1970 Walter P. Chrysler, Jr., New York, NY; um 1970–1971 Jack Tanzer, New York NY; seit 1971 Kasser/Mochary Collection

Ausstellungen
With a French Accent, The Montclair Art Museum, Montclair, NJ, 1971, Kat.-Nr. 34; Collector´s Choice Exhibition, Selected Works of Sculpture and Painting lent by the Kasser Art Foundation, Palm Springs Desert Museum, Palm Springs, CA 1972, S. 11; Festival '72. Exhibition of Decorative and Fine Arts from New Jersey Private Collections, New Jersey State Museum, Trenton, NJ, 1972, Kat.; Irdische Paradiese – Meisterwerke aus der Kasser Art Foundation, Kunstsammlungen und Museen Augsburg / Schaezlerpalais, Augsburg 2009, Kat.-Nr. 18, S. 102ff.; Földi paradicsom – Modern mesterművek a Kasser-Mochary Gyűjteményből, Ungarische Nationalgalerie, Budapest 2010, Kat.-Nr. 18, S. 36

Literatur
John Rewald, The Complete Sculptures of Degas, London 1976, Nr. 57, S.; Joseph S. Czestochowski und Anne Pigeot, Degas Sculptures: Catalogue Raisonné of the Bronzes, Memphis TN 2002, Nr. 24; One Hundred Selected Masterpieces, XIX/XX Century – Kasser Art Foundation, hg. von Kasser Art Foundation, Montclair, NJ, 1992, S. 96f.

**André Derain**
*Le Jongleur* (*Der Jongleur*), nach 1938
Bronze
14 × 11,8 × 2,4 cm
Signiert auf der Rückseite links seitlich: AT / ANDRE / DERAIN; nummeriert auf der Rückseite links seitlich: 8/11

Provenienz
Seit 1971 Kasser/Mochary Collection

Ausstellungen
Collector's Choice Exhibition; Selected Works of Sculpture and Painting Lent by the Kasser Art Foundation, Palm Springs Desert Museum, CA 1972, S. 12

Literatur
Pierre Cailler, Catalogue raisonné de l'œuvre sculpté de André Derain, Teil 1, Aigle 1965, Nr. 30

**Paul Éluard**
*Un poème dans chaque livre* (*Ein Gedicht für jedes Buch*), 1956
Buch mit 16 Original-Radierungen und Lithografien
Kassette 21,5 × 19,8 × 5,8 cm

**Max Ernst**
*Hommage à Rimbaud* (*Huldigung an Rimbaud*), 1961
aus: *Arthur Rimbaud vu par des peintres contemporains, Neuf gravures originales*, mit Werken von Jean Arp, Georges Braque, Jean Cocteau, Max Ernst, Valentine Hugo, Alberto Giacometti, Joan Miró, Pablo Picasso, Jacques Villon, 1962
Radierung mit Aquatinta
Blatt 48,8 × 37, 1 cm / Platte 20,9 × 16,1 cm
Signiert unten rechts: max ernst; nummeriert unten links: 38/97; Druck: Georges Visat, Paris

Provenienz
Marcel Adler, Beaux livres – Estampes modernes, Lausanne; seit 1974 Kasser/Mochary Collection

Literatur
Max Ernst. Œuvre-Katalog. Bd.1, Das graphische Werk, hg. von Werner Spies, Köln 1975, Nr. 83

**Paul Gauguin**
*Hina*, nicht datiert
Bronze, posthumer Guss nach dem 1892 entstandenen Original in Holz
36 × 13 × 6,2 cm
Monogrammiert unten links seitlich: P Go; nummeriert am linken Fuß der Figur: 9/20; bezeichnet vorne auf der Fußplatte: HINA; Gießerstempel links unten: CIRE / C. VALSUANI / PERDUE

Provenienz
Seit 1970 Kasser/Mochary Collection

Ausstellungen
Collector's Choice Exhibition; Selected Works of Sculpture and Painting Lent by the Kasser Art Foundation, Palm Springs Desert Museum, CA 1972, S. 15; Festival '72. Exhibition of Decorative and Fine Arts from New Jersey Private Collections, New Jersey State Museum, Trenton; NJ 1972, Kat.

Literatur
Aukt.-Kat. Important 19th–20th Century Sculpture, Parke-Bernet Galleries, Inc., New York, NY 1970, Nr. 19; One Hundred Selected Masterpieces, XIX/XX Century–Kasser Art Foundation, hg. von Kasser Art Foundation, Montclair, NJ, 1992, S. 58f.

**Paul Gauguin**
*Ja Orana Maria (Gegrüßet seist du, Maria)*, 1894/95
Zinkografie
Blatt 37,3 × 27,9 cm,
Platte 25,7 × 20 cm
Rundsiegel mit dem Monogramm des Künstlers auf der Platte unten links: PGO

Provenienz
Marcel Adler, Beaux livres – Estampes modernes, Lausanne; seit 1978 Kasser/Mochary Collection

Ausstellungen
Cent œuvres de Gauguin, Galerie Charpentier, Paris 1960, Kat.-Nr. 85

Literatur
Paul Gauguin. Das druckgraphische Werk, hg. von Wolfgang Wittrock, Düsseldorf 1978, S. 73, Kat.-Nr. 36; Marcel Guérin, L'œuvre Gravé de Gauguin, San Francisco CA 1980, Kat.-Nr. 51; Elizabeth Mongan, Eberhard Kornfeld und Harold Joachim, Paul Gauguin. Catalogue Raisonné of his Prints, Bern 1988, S. 130f., Nr. 27

**Alberto Giacometti**
*Annette VI*, 1962
Bronze
60 × 25,3 × 20,1 cm
Signiert und nummeriert unten links: Alberto Giacometti 1/6; bezeichnet unten rechts: Susse Fondeur Paris

Provenienz
Künstler; seit 1964 Pierre Matisse Galleries, New York, NY; 1964–1970 Arthur J. Kobacker, Steubenville, OH; seit 1970 Kasser/Mochary Collection

Ausstellungen
Collector's Choice Exhibition; Selected Works of Sculpture and Painting Lent by the Kasser Art Foundation, Palm Springs Desert Museum, CA 1972, S. 16; Fakes and Forgeries, The Minneapolis Institute of Arts, Minneapolis, MN 1973, Kat.-Nr. 170; Menschenbilder. Figur in Zeiten der Abstraktion (1945–1955), Kunsthalle Mannheim, Mannheim 1998/99, Kat., S. 224f.; Die Familie Giacometti. Das Tal, die Welt, Städtische Kunsthalle Mannheim, Mannheim 2000, Kat., S. 227; Alberto Giacometti. El diálogo con la historia del arte, IVAM Centre Julio González, Valencia 2000/01, Kat., S. 235; Irdische Paradiese – Meisterwerke aus der Kasser Art Foundation, Kunstsammlungen und Museen Augsburg / Schaezlerpalais, Augsburg 2009, Kat.-Nr. 27, S. 130ff.; Földi paradicsom – Modern mesterművek a Kasser-Mochary Gyűjteményből, Ungarische Nationalgalerie, Budapest 2010, Kat.-Nr. 27, S. 45; Alberto Giacometti – der Ursprung des Raumes, Museum der Moderne Mönchsberg, Salzburg 2010, Abb. S. 156

Dauerleihgaben
Bayerische Staatsgemäldesammlungen, München 1978–1989; Salzburger Landessammlungen, Rupertinum , Salzburg 1989–1995; Städtische Kunsthalle Mannheim, Mannheim 1995–2001; The Philbrook Museum of Art, Tulsa, OK, seit 2001

Literatur
Jacques Dupin, Alberto Giacometti, Paris, 1962, S. 295; Aukt.-Kat. Important 19th–20th Century Sculpture, Parke-Bernet Galleries, Inc., New York, NY 1970, Nr. 42; One Hundred Selected Masterpieces, XIX/XX Century – Kasser Art Foundation, hg. von Kasser Art Foundation, Montclair, NJ, 1992, S. 32f.

**Alberto Giacometti**
*Femme debout (Stehende Frau)*, nicht datiert
Bronze, vergoldet, Guss nicht verifiziert
9 cm
Entworfen als Brosche und in einer nicht nummerierten Auflage gegossen

Literatur
Aukt.-Kat. Nineteenth & Twentieth Century Sculpture, Parke-Bernet Galleries, Inc., New York, NY 1969, Nr. 41

Provenienz
Seit 1969 Kasser/Mochary Collection

**Alberto Giacometti**
*Nu de profil (Akt im Profil)*, 1961
Lithografie
38 × 28 cm
Erschienen in: *Derrière le miroir*, Nr. 127, Paris 1961, S. 8

Ausstellungen
Irdische Paradiese – Meisterwerke aus der Kasser Art Foundation, Kunstsammlungen und Museen Augsburg / Schaezlerpalais, Augsburg 2009, Kat.-Nr. 25, S. 124ff.; Földi paradicsom – Modern mesterművek a Kasser-Mochary Gyűjteményből, Ungarische Nationalgalerie, Budapest 2010, Kat.-Nr. 25, S. 43

Literatur
Herbert C. Lust: Giacometti. The Complete Graphics and 15 Drawings, New York, NY 1970, Nr. 149, S. 132

**Alberto Giacometti**
*Figure assise (Sitzende Figur)*, 1961
Lithografie
38 × 28 cm
Erschienen in: *Derrière le miroir*, Nr. 127, Paris 1961, S. 21

Ausstellungen
Irdische Paradiese – Meisterwerke aus der Kasser Art Foundation, Kunstsammlungen und Museen Augsburg / Schaezlerpalais, Augsburg 2009, Kat.-Nr. 26, S. 127ff.; Földi paradicsom – Modern mesterművek a Kasser-Mochary Gyűjteményből, Ungarische Nationalgalerie, Budapest 2010, Kat.-Nr. 26, S. 44

Literatur
Herbert C. Lust: Giacometti. The Complete Graphics and 15 Drawings, New York, NY 1970, Nr. 158, S. 134

**Alberto Giacometti**
*Rimbaud*, 1962
aus: *Arthur Rimbaud vu par des peintres contemporains, Neuf gravures originales*, mit Werken von Jean Arp, Georges Braque, Jean Cocteau, Max Ernst, Valentine Hugo, Alberto Giacometti, Joan Miró, Pablo Picasso, Jacques Villon, 1962

Radierung
Blatt 48,7 × 37 cm / Platte 29,6 × 24,8 cm
Signiert unten rechts: Alberto Giacometti; nummeriert unten links: 38/97; Druck: Visat, Paris

Provenienz
Marcel Adler, Beaux livres – Estampes modernes, Lausanne; seit 1974 Kasser/Mochary Collection

Literatur
Herbert C. Lust, Giacometti, The Complete Graphics and 15 Drawings, New York, NY 1970, Kat.-Nr. 175, S. 139; ders., Alberto Giacometti: the Complete Graphics. Catalogue Raisonné, New York, NY 1970, Kat.-Nr. 175, S. 223

**Juan Gris**
Unbetitelt, nicht datiert
Verso von *L'enlèvement* (*Die Abfuhr*), 1908
Gouache und Kohle auf Papier
39,5 × 32 cm

Provenienz
Künstler; Emilia Landau, Madrid; seit 1970 Kasser/Mochary Collection

Ausstellungen
With a French Accent, The Montclair Art Museum, Montclair, NJ, 1971, Kat.-Nr. 28; Irdische Paradiese – Meisterwerke aus der Kasser Art Foundation, Kunstsammlungen und Museen Augsburg / Schaezlerpalais, Augsburg 2009, Kat.-Nr. 28, S. 134ff.; Földi paradicsom – Modern mesterművek a Kasser-Mochary Gyűjteményből, Ungarische Nationalgalerie, Budapest 2010, Kat.-Nr. 28, S. 46

Literatur
One Hundred Selected Masterpieces, XIX/XX Century – Kasser Art Foundation, hg. von Kasser Art Foundation, Montclair, NJ, 1992, S. 50f.; Raymond Bachollet, Juan Gris, dessinateur de presse. De Madrid à Monmarte. Catalogue raisonné 1904–1912, Paris 2003, Nr. 58, S. 191

**Josef Kaiser**
*Kniende*, 1985
Granit
46 × 46 × 28 cm
Monogrammiert hinten rechts: K; datiert hinten links: 85

Provenienz
Künstler; seit 1986 Kasser/Mochary Collection

**Le Corbusier**
Blatt 1, 2, 7 und 9
aus: *Unité* (*Einheit*) mit 20 Radierungen, 1965
Druck: Atelier Crommelynck, Paris (Radierungen) und Fequet et Baudier, Paris (Texte)
Auflage: 130 Exemplare, nummeriert 1 bis 130 und 30 Exemplare für den Künstler und die Mitarbeiter, nummeriert I bis XXX
Radierung (Aquatinta)
Blatt 45 × 57 cm / Platte 31,2 × 41,4 cm bzw. Blatt 57 × 45 cm / Platte 41,4 × 31,2 cm
Blatt 1, 7 und 9
Signiert unten rechts: Le Corbusier; nummeriert unten links: 119/130; Blatt 2; nummeriert unten links: 119/130

Provenienz
Atelier Crommelynck, Paris; ungefähr seit 1970er-Jahren Kasser/Mochary Collection

**Jacques Lipchitz**
*Danseuse aux voiles* (*Tänzerin mit Schleiern*), 1947/48
Bronze, Guss vor 1952
37,5 × 23 × 20,3 cm
Signiert auf der Basisoberseite hinten: J Lipchitz; nummeriert auf der Basisoberseite hinten: 4; versehen mit dem Daumenabdruck des Künstlers auf der Basisoberseite hinten

Handschriftliche Notiz des Künstlers für die Familie Kasser anlässlich des Ankaufes 1970: *»Danseuse aux voiles« bronze 1947, l'edition / de 7 exemplaires n'a pu être completée / etait donné que le modele en plâtre / a perit dans mon incendre en 1952«*

Provenienz
Künstler; Emilia Landau, Madrid; seit 1970 Kasser/Mochary Collection

Literatur
Alan G. Wilkinson, The Sculpture of Jacques Lipchitz, a Catalogue Raisonné. Bd. 2, The American Years 1941–1973, New York, NY 2000, Nr. 428, S. 46 (*Dancer*)

**René Magritte**
*Ma mère l' oye* (*Meine Mutter, die Gans*)
aus: *Les Enfants trouvés de Magritte* mit 12 Lithografien, 1968
Farblithografie
Blatt 44,2 × 60 cm / Stein 30,3 × 45,3 cm
Signiert in der Platte unten rechts: magritte; signiert unten rechts von Fernand Mourlot: FM; Druck: Fernand Mourlot, Paris

Provenienz
Marcel Adler, Beaux livres – Estampes modernes, Lausanne; seit 1972 Kasser/Mochary Collection

Literatur
René Magritte – Catalogue Raisonné. Bd. IV Gouaches, Temperas, Watercolours and Papiers Collés 1918–1967, hg. von David Sylvester, Basel 1994, S. 189

**Aristide Maillol**
*Femme accroupie* (*Kauernder Akt*), nicht datiert
Bleistift auf Papier
32,7 × 25 cm

Provenienz
Gaspard Maillol; seit 1967 Kasser/Mochary Collection

Ausstellungen
Irdische Paradiese – Meisterwerke aus der Kasser Art Foundation, Kunstsammlungen und Museen Augsburg / Schaezlerpalais, Augsburg 2009, Kat.-Nr. 44, S. 187ff.; Földi paradicsom – Modern mesterművek a Kasser-Mochary Gyűjteményből, Ungarische Nationalgalerie, Budapest 2010, Kat.-Nr. 44, S. 65

**Giacomo Manzù**
*Busto di donna* (*Frauenbüste*), 1955
Bronze
70 × 46 × 22,5 cm
Rundstempel hinten rechts: FONDERIA MAF MILANO MANZU

Provenienz
Künstler; Galerie Claude Bernard, Paris; seit 1970 Kasser/Mochary Collection

Ausstellungen
Irdische Paradiese – Meisterwerke aus der Kasser Art Foundation,

Kunstsammlungen und Museen Augsburg / Schaezlerpalais, Augsburg 2009, Kat.-Nr. 45, S.189ff.; Földi paradicsom – Modern mesterművek a Kasser-Mochary Gyűjteményből, Ungarische Nationalgalerie, Budapest 2010, Kat.-Nr. 45, S. 66

Literatur
John Rewald, Giacomo Manzù, Salzburg 1966, Abb. 43; Aukt.-Kat. Important 19th–20th Century Sculpture Parke-Bernet Galleries, Inc., New York, NY 1970, Nr. 63; One Hundred Selected Masterpieces, XIX/XX Century – Kasser Art Foundation, hg. von Kasser Art Foundation, Montclair, NJ, 1992, S.138, S. 138f.

**Marino Marini**
*Unbetitelt,* 1963
Für das Magazin XX Siècle, Nr. 21, Mai 1963
Farblithografie
Blatt 44 × 33 cm /
Stein 31 × 23,5 cm
Gestempelte Signatur unten rechts: MARINO

Literatur
Marino Marini. Druckgraphik. Werkkatalog, hg. von den Bayerischen Staatsgemäldesammlungen, München 1976, Kat.-Nr. L K 1963, S. 130; Giorgio Guastalla / Guido Guastalla, Catalogo ragionato dell'Opera grafica (Incisioni e Litografie) 1919–1980, Livorno 1990, Abb. Nr. LN 1963, S. 192; Daniel Berger, Marino Marini – Werkverzeichnis der Graphik, 1991, S. 94, Abb. 178

**Marino Marini**
*Allucinazione* (*Halluzination*), 1970
Blatt 2 aus dem Album *Imagines*
Radierung
Blatt 65 × 50 cm /
Platte 41,6 × 36,5 cm
Signiert unten rechts: MARINO; nummeriert unten links mit Bleistift: 8/40; Druck: Wilhelm Schneider & Co., Berlin

Literatur
Marino Marini. Druckgraphik. Werkkatalog, hg. von den Bayerischen Staatsgemäldesammlungen, München 1976, Kat.-Nr. R 105, S. 61; Giorgio Guastalla/Guido Guastalla, Catalogo ragionato dell'Opera grafica (Incisioni e Litografie) 1919–1980, Livorno 1990, Abb. A107, S. 79; Daniel Berger, Marino Marini – Werkverzeichnis der Graphik, 1991, S. 120, Abb. 227

**Marino Marini**
*Cavalli e Cavalieri* (*Pferde und Reiter*), 1979
Reproduktionen von 23 Zeichnungen im Schuber
Schuber 29,2 × 24,8 × 3 cm

**Henri Matisse**
*La danse* (*Der Tanz*), 1911
Bronze, Guss 1953
41,6 × 18 × 18 cm
Monogrammmiert und nummeriert auf der Sockeloberseite: HM 3; bezeichnet auf dem Sockel hinten, unten links: CIRE / C. VALSUANI / PERDUE

Provenienz
Künstler; Sten Åhlberg, Stockholm; seit 1970 Kasser/Mochary Collection

Ausstellungen
With a French Accent, The Montclair Art Museum, Montclair, NJ, 1971, Kat.-Nr. 36; Collector's Choice Exhibition; Selected Works of Sculpture and Painting Lent by the Kasser Art Foundation, Palm Springs Desert Museum, CA 1972, S. 25; Festival '72. Exhibition of Decorative and Fine Arts from New Jersey Private Collections, New Jersey State Museum, Trenton, NJ, 1972, Kat.; Irdische Paradiese – Meisterwerke aus der Kasser Art Foundation, Kunstsammlungen und Museen Augsburg / Schaezlerpalais, Augsburg 2009, Kat.-Nr. 58, S. 233ff.; Földi paradicsom – Modern mesterművek a Kasser-Mochary Gyűjteményből, Ungarische Nationalgalerie, Budapest 2010, Kat.-Nr. 58, S. 38

Dauerleihgabe
Museum der Moderne, Mönchsberg, Salzburg seit 2004

Literatur
Aukt.-Kat. Important 19th–20th Century Sculpture, Parke-Bernet Galleries, Inc., New York, NY 1970, Nr. 9; Claude Duthuit, Henri Matisse; catalogue raisonné de l'œuvre sculpté établi, Paris 1997, Nr. 54; One Hundred Selected Masterpieces, XIX/XX Century – Kasser Art Foundation, hg. von Kasser Art Foundation, Montclair, NJ, 1992, S. 98f.

**Jean François Millet**
*Études pour »Le repos des moissoneurs* (*Ruth et Boaz*)*«* (*Studien zu »Erntehelfer bei der Rast [Ruth und Boaz]«*), 1850–1853
Kohle und Kreide auf Papier
31,5 × 46 cm

Provenienz
Leicester Galleries, London; ab 1961 Dr. Leon M. Lewitt; seit 1970 Kasser/Mochary Collection

Ausstellungen
Artists of Fame and of Promise, Leicester Galleries, London 1961; Irdische Paradiese – Meisterwerke aus der Kasser Art Foundation, Kunstsammlungen und Museen Augsburg / Schaezlerpalais, Augsburg 2009, Kat.-Nr. 59, S. 273ff.; Földi paradicsom – Modern mesterművek a Kasser-Mochary; Gyűjteményből, Ungarische Nationalgalerie, Budapest 2010, Kat.-Nr. 59, S. 84

Literatur
Aukt.-Kat Modern French & Other Paintings, Drawings and Sculpture: Brauner, Calder, Camoin, et al., Parke-Bernet Galleries, Inc., New York, NY 1970, Nr. 24; One Hundred Selected Masterpieces, XIX/XX Century – Kasser Art Foundation, hg. von Kasser Art Foundation, Montclair, NJ, 1992, S. 42f.

**Zwy Milshtein**
*Dossier Solange,* 1967
Dossier mit 18 Radierungen in Schuber mit Zeichnung
Schuber 19 × 15,5 × 3,7 cm

**Joan Miró**
*Hommage à Rimbaud* (*Huldigung an Rimbaud*), 1962
aus: *Arthur Rimbaud vu par des peintres contemporains, Neuf gravures originales,* mit Werken von Jean Arp, Georges Braque, Jean Cocteau, Max Ernst, Valentine Hugo, Alberto Giacometti, Joan Miró, Pablo Picasso, Jacques Villon, 1962
Farblithografie
Blatt 49 × 37,4 cm / Stein 29 × 22 cm
Signiert unten rechts: Miró; nummeriert unten links: 38/97; Druck: Mourlot Frères, Paris

Provenienz
Marcel Adler, Beaux livres – Estampes modernes, Lausanne; seit 1974 Kasser/Mochary Collection

Literatur
Patrick Cramer, Joan Miró. The Illustrated Books: Catalogue Raisonné, Genf 1989, Kat.-Nr. 79, S. 218f.

**Amedeo Modigliani**
*Le corsage rose* (*Die rosa Bluse*), 1913–1917
Pastell, Kreide, Bleistift und Aquarell auf Papier
33,9 × 26,7 cm
Signiert oben rechts: modigliani

Provenienz
Bignou Gallery, New York, NY; John Gerald, New York, NY; seit 1970 Kasser/Mochary Collection

Ausstellungen
Modigliani – Soutine, The Cleveland Museum of Art, Cleveland, OH, 1951; Modigliani, Paintings, Drawings, Sculpture, The Museum of Modern Art New York, New York 1951, Kat.; Amedeo Modigliani 1884 – 1920, Society of the Four Arts, Palm Beach, FL 1954 und Lowe Gallery, Miami, FL 1954, Kat.-Nr. 33; The Art of Amedeo Modigliani, The Atlanta Art Association Galleries, Atlanta, GA, 1960, Kat.-Nr. 54; With a French Accent, The Montclair Art Museum, Montclair, NJ, 1971, Kat.-Nr. 13; Irdische Paradiese – Meisterwerke aus der Kasser Art Foundation, Kunstsammlungen und Museen Augsburg / Schaezlerpalais, Augsburg 2009, Kat.-Nr. 60, S. 242ff.; Földi paradicsom – Modern mesterművek a Kasser-Mochary Gyűjteményből, Ungarische Nationalgalerie, Budapest 2010, Kat.-Nr. 60, S. 86

Literatur
Aukt.-Kat. Highly Important Impressionist, Post-Impressionist & Modern Paintings and Drawings, Parke-Bernet Galleries, Inc., New York, NY 1970, Nr. 5A; One Hundred Selected Masterpieces, XIX/XX Century – Kasser Art Foundation, hg. von Kasser Art Foundation, Montclair, NJ, 1992, S. 92f.

**László Moholy-Nagy**
*Composition* (*Komposition*), 1941
Buntstift, Bleistift und Tusche auf Papier
21,5 × 27,8 cm
Signiert und datiert unten links: Moholy:Nagy / Aug. 8/41; unten rechts Widmung: to Jack Pitchard M:N / Christmas 1944

Provenienz
Piccadilly Gallery, London; Gertrude Stein Gallery, New York, NY; seit 1971 Kasser/Mochary Collection

Ausstellungen
Festival '72. Exhibition of Decorative and Fine Arts from New Jersey Private Collections, New Jersey State Museum, Trenton, NJ, 1972, Kat.; Irdische Paradiese – Meisterwerke aus der Kasser Art Foundation, Kunstsammlungen und Museen Augsburg / Schaezlerpalais, Augsburg 2009, Kat.-Nr. 62, S. 247ff.; Földi paradicsom – Modern mesterművek a Kasser-Mochary Gyűjteményből, Ungarische Nationalgalerie, Budapest 2010, Kat.-Nr. 62, S. 87

Literatur
Aukt.-Kat. Modern European & American Paintings, Sculpture and Drawings, Avery, Bluemner, Calder, Parke-Bernet Galleries, Inc., New York, NY 1971, Nr. 32; One Hundred Selected Masterpieces, XIX/XX Century – Kasser Art Foundation, hg. von Kasser Art Foundation, Montclair, NJ, 1992, S. 114f.

**Henry Moore**
*Two Seated Figures Against Wall* (*Zwei sitzende Figuren vor einer Wand*), 1960
Bronze, einer von 12 Güssen
50 × 50 × 28,5 cm

Provenienz
Laing Galleries, Toronto, ON, Kanada; bis 1968 Ben Raxlen, Toronto, ON, Kanada; seit 1968 Kasser/Mochary Collection

Ausstellungen
Irdische Paradiese – Meisterwerke aus der Kasser Art Foundation, Kunstsammlungen und Museen Augsburg / Schaezlerpalais, Augsburg 2009, Kat.-Nr. 64, S. 255ff.; Földi paradicsom – Modern mesterművek a Kasser-Mochary Gyűjteményből, Ungarische Nationalgalerie, Budapest 2010, Kat.-Nr. 64, S. 89f.

Literatur
Aukt.-Kat. Important 19th and 20th Century Sculpture, Parke Bernett Galleries, Inc., New York, NY 1968, Nr. 149; Alan Bowness, Henry Moore, complete sculpture, Bd. 3: Sculpture 1955–64, London 1986; One Hundred Selected Masterpieces, XIX/XX Century – Kasser Art Foundation, hg. von Kasser Art Foundation, Montclair, NJ, 1992, S. 36f.

**Henry Moore**
*Reclining Figure* (*Liegende*), 195[illegible]–1966
Aquatinta und Kaltnadelradierung
Blatt 21,8 × 31 cm / Platte 7,6 × 15 cm
Signiert unten rechts: Moore; nummeriert unten links: 9/50

Provenienz
Associated American Artists; seit 1970 Kasser/Mochary Collection

Ausstellungen
Collector's Choice of Graphics – From the Kasser Art Foundation, Palm Springs Desert Museum / Phinny Gallery, Palm Springs CA, 1979

Literatur
Henri Moore – Catalogue of Graphic Work, hg. von Gérald Cramer, Alistair Grant und David Mitchinson, Genf 1973, Kat.-Nr. 55; Henry Moore – das grafische Werk, hg. von Wilhelm Lehmbruck Museum, Duisburg 1974, Kat.-Nr. 44, S. 24

**Eduardo Paolozzi**
*A Logical Picture of Facts is a Thought* (*Das logische Bild der Tatsachen ist der Gedanke*), 1995
aus: *The Jesus College Quincentennial Portfolio* mit Werken von John Bellany, Barry Flanagan, John Hoyland, Albert Irvin, Kim Lim, Richard Long, John McLean, David Mach, Eduardo Paolozzi, William Turnbull, 1996
Siebdruck
Blatt 76 × 56 cm / Platte 59,5 × 44,3 cm
Signiert und datiert unten rechts: Eduardo Paolozzi 1995; nummeriert unten links: VII/X; Druck: Gresham Studio Ltd., Cambridge

Provenienz
Seit 1996 Kasser/Mochary Collection

**Pablo Picasso**
*Le Carmen des Carmen,* 1947/1964
Illustrationen zu Prosper Mérimée, Louis Aragon, Le Carmen des Carmen
Lose Blätter im kartonierten Umschlag in Leinenkassette: 4 Aquatinten, 1 Kaltnadelarbeit, 1 Farblithografie
Kassette 38,4 × 28,3 × 6 cm

**Pablo Picasso**
*El Entiero de Conde de Orgaz* (*Das Begräbnis des Grafen von Orgaz*), 1969
Buch mit 12 Radierungen
Kassette 49 × 38,5 × 7 cm

**Auguste Rodin**
*Femmes damnées* (*Verdammte Frauen*), 1885–1890
Bronze, Guss 1980
20 × 28 × 12 cm
Signiert auf dem Felssockel vorne: Rodin; bezeichnet auf der Rückseite des Felssockels unten Mitte mit der foundry mark von Coubertin: F C; bezeichnet auf der Rückseite des Felssockels unten Mitte: © by musée Rodin Nr. 11

Provenienz
Musée Rodin, Paris; seit 1980 Kasser/Mochary Collection

Ausstellungen
Rodin, Skulpturen, Zeichnungen, Galerie Orangerie, Palais Auersperg, Wien 1980, Kat.-Nr. 14; Irdische Paradiese – Meisterwerke aus der Kasser Art Foundation, Kunstsammlungen und Museen Augsburg / Schaezlerpalais, Augsburg 2009, Kat.-Nr. 80, S. 305ff.; Földi paradicsom – Modern mesterművek a Kasser-Mochary Gyűjteményből, Ungarische Nationalgalerie, Budapest 2010, Kat.-Nr. 79, S. 108f.

Literatur
One Hundred Selected Masterpieces, XIX/XX Century – Kasser Art Foundation, hg. von Kasser Art Foundation, Montclair, NJ, 1992, S. 24f.; Antoinette Le Normand-Romain, Rodin et le bronze. Catalogue des œuvres conservées au Musée Rodin, Bd. I, Paris 2007, S. 365f.

**Auguste Rodin**
*Figure volante* (*Fliegende Figur*), Grand modèle, 1890/91
Bronze, Guss 1969
53 × 78 × 30 cm
Signiert auf der Oberseite des Sockels vorne rechts: A.Rodin; bezeichnet auf der rechten Seitenfläche des Sockels unten: . © by musée Rodin.1969.; bezeichnet auf der Rückseite des Sockels: .Georges Rudier. / .Fondeur.Paris.

Provenienz
Musée Rodin, Paris; seit 1968 Kasser/Mochary Collection

Ausstellungen
With a French Accent, The Montclair Art Museum, Montclair, NJ, 1971, Kat.-Nr. 37; Collector's Choice Exhibition; Selected Works of Sculpture and Painting Lent by the Kasser Art Foundation, Palm Springs Desert Museum, CA 1972, S. 41; Festival '72. Exhibition of Decorative and Fine Arts from New Jersey Private Collections, New Jersey State Museum, Trenton, NJ, 1972, Kat.; Irdische Paradiese – Meisterwerke aus der Kasser Art Foundation, Kunstsammlungen und Museen Augsburg / Schaezlerpalais, Augsburg 2009, Kat.-Nr. 82, S. 313ff.; Földi paradicsom – Modern mesterművek a Kasser-Mochary Gyűjteményből, Ungarische Nationalgalerie, Budapest 2010, Kat.-Nr. 81, S. 111

Dauerleihgabe
Museum der Moderne Mönchsberg, Salzburg, seit 2004

Literatur
One Hundred Selected Masterpieces, XIX/XX Century – Kasser Art Foundation, hg. von Kasser Art Foundation, Montclair, NJ, 1992, S. 20f.; Antoinette Le Normand-Romain, Rodin et le bronze. Catalogue des œuvres conservées au Musée Rodin, Bd. I, Paris 2007, S. 369f.

**Auguste Rodin**
*L'éternelle idole* (*Das ewige Idol*), Grand modèle, 1893
Bronze, Guss 1971
73 × 55 × 39 cm
Signiert auf dem Felssockel vorne: A. Rodin; gestempelt im Inneren der Bronze auf der Rückwand unten Mitte: A. Rodin; bezeichnet auf der linken Schmalseite des Felssockels unten rechts: . Georges Rudier . / . Fondeur . Paris .; bezeichnet auf der linken Schmalseite des Felssockels unten links: . © by musée Rodin 1971

Provenienz
Musée Rodin, Paris; seit 1971 Kasser/Mochary Collection

Ausstellungen
Rodin, Eros und Leidenschaft, Kunsthistorisches Museum Wien, Palais Harrach, Wien 1996, Kat.-Nr. 22, S. 178; Irdische Paradiese – Meisterwerke aus der Kasser Art Foundation, Kunstsammlungen und Museen Augsburg / Schaezlerpalais, Augsburg 2009, Kat.-Nr. 84, S. 319ff.; Földi paradicsom – Modern mesterművek a Kasser-Mochary Gyűjteményből, Ungarische Nationalgalerie, Budapest 2010, Kat.-Nr. 83, S. 113ff.

Literatur
One Hundred Selected Masterpieces XIX/XX Century, hg. von Kasser Art Foundation, Montclair, NJ, 1992, S. 8f.; Antoinette Le Normand-Romain, Rodin et le bronze. Catalogue des œuvres conservées au Musée Rodin, Bd. I, Paris 2007, S. 328ff. (Guss 8/12 angeführt unter *œuvres en rapport* zu *Grand modèle, marbre*)

**Georges Rouault**
*Fille au grand chapeau* (*Junge Frau mit großem Hut*), 1929, Auflage 1955
aus: *Réincarnations du Pére Ubu* (*Die Reinkarnationen des Père Ubu*)
Aquatinta
Blatt 32,7 × 25,5 cm / Platte 9,8 × 7,4 cm
Monogrammiert und datiert unten links in der Platte: G. R 1929; bezeichnet unten links: K 163/ 6

Provenienz
Marcel Adler, Beaux livres – Estampes modernes, Lausanne; seit 1972 Kasser/Mochary Collection

Literatur
Œuvre Gravé Rouault, hg. von François Chapon, Monaco 1978, S. 183, Abb. Nr. 39

**Pierre Soulages**
*Lithographie No. 28* (*Lithografie Nr. 28*), 1970
Lithografie
Blatt 38,4 × 31,5 cm / Stein 31,5 × 24 cm
Signiert unten rechts: Soulages; nummeriert unten links: 50/75

Provenienz
Marcel Adler, Beaux livres – Estampes modernes, Lausanne; seit 1972 Kasser/Mochary Collection

Literatur
Soulages l'œuvre imprimé, hg. von Pierre Encrevé und Marie-Cécile Miessner, Bibliothèque nationale de France 2003, Kat.-Nr. 76

**Ricardo Ulloa Garay**
*Espacio del Domingo* (*Sonntäglicher Raum*), 1989
Tusche auf Papier
25,4 × 35 cm
Signiert unten rechts: Rulloa

Provenienz
Künstler; seit 1989 Kasser/Mochary Collection

Ausstellungen
Ricardo Ulloa Garay Dibujos, Galería Cultural del Hotel Cariari, Costa Rica 1989

**Ricardo Ulloa Garay**
*Vidas Paralelas* (*Parallele Leben*), 1989
Tusche auf Papier
26,5 × 34,1 cm
Signiert unten rechts: Rulloa

Provenienz
Künstler; seit 1989 Kasser/Mochary Collection

Ausstellungen
Ricardo Ulloa Garay Dibujos, Galería Cultural del Hotel Cariari, Costa Rica 1989

**Ricardo Ulloa Garay**
*En la acera* (*Auf dem Gehsteig*), 1989
Tusche auf Papier
21,7 × 35,5 cm
Signiert unten rechts: Rulloa

Provenienz
Künstler; seit 1989 Kasser/Mochary Collection

Ausstellungen
Ricardo Ulloa Garay Dibujos, Galería Cultural del Hotel Cariari, Costa Rica 1989

**Ricardo Ulloa Garay**
*Bullicio* (*Tumult / Lärm*), 1989
Tusche auf Papier
24 × 32 cm
Signiert unten rechts: Rulloa

Provenienz
Künstler; seit 1989 Kasser/Mochary Collection

Ausstellungen
Ricardo Ulloa Garay Dibujos, Galería Cultural del Hotel Cariari, Costa Rica 1989

**Ricardo Ulloa Garay**
*El Asombro* (*Das Staunen*), 1989
Tusche auf Papier
25,1 × 35,1 cm
Signiert unten rechts: Rulloa

Provenienz
Künstler; seit 1989 Kasser/Mochary Collection

Ausstellungen
Ricardo Ulloa Garay Dibujos, Galería Cultural del Hotel Cariari, Costa Rica 1989

**Ricardo Ulloa Garay**
*Anochecer* (*Einbruch der Nacht*), 1989
Tusche auf Papier
24 × 31,9 cm
Signiert unten rechts: Rulloa

Provenienz
Künstler; seit 1989 Kasser/Mochary Collection

Ausstellungen
Ricardo Ulloa Garay Dibujos, Galería Cultural del Hotel Cariari, Costa Rica 1989

**Ricardo Ulloa Garay**
*El limite del silencio* (*Die Grenze des Schweigens*), 1989
Tusche auf Papier
24 × 31,9 cm
Signiert unten rechts: Rulloa

Provenienz
Künstler; seit 1989 Kasser/Mochary Collection

Ausstellungen
Ricardo Ulloa Garay Dibujos, Galería Cultural del Hotel Cariari, Costa Rica 1989

**Jacques Villon**
*Portrait d'Arthur Rimbaud* (*Porträt Arthur Rimbaud*), 1961
aus: *Arthur Rimbaud vu par des peintres contemporains*, *Neuf gravures originales*, mit Werken von Jean Arp, Georges Braque, Jean Cocteau, Max Ernst, Valentine Hugo, Alberto Giacometti, Joan Miró, Pablo Picasso, Jacques Villon, 1962
Radierung
Blatt 48,8 × 37,1 cm / Platte 23,4 × 17,5 cm
Signiert unten rechts: Jacques Villon; nummeriert unten links: 38/97; signiert in der Platte unten rechts: Jacques Villon

Provenienz
Marcel Adler, Beaux livres – Estampes modernes, Lausanne; seit 1974 Kasser/Mochary Collection

# List of Works

**Alexander Archipenko**
*Flat Torso,* 1914
Bronze, cast not verified, pre-1940
36.5 × 8.5 × 5.5 cm
Signed on the top of the vase, front: ARCHIPENKO; inscribed on the base, rear: AMER ART F'DRY. N.Y.

Provenance
From mid-1940s Weyhe Galleries, New York NY; from mid-1940s V. Sterba, USA; until 1970 Schaeffer Galleries, New York NY; since 1970 Kasser/Mochary Family Collection

Exhibitions
Origins of Modern Sculpture, The Detroit Institute of Arts, Detroit MI, 1946, no. 132, p. 112; Collector's Choice Exhibition; Selected Works of Sculpture and Painting Lent by the Kasser Art Foundation, Palm Springs Desert Museum, Palm Springs CA, 1972, p. 2

Literature
Auct. cat. Important 19th–20th Century Sculpture, Parke-Bernet Galleries, Inc., New York, NY, 1970, no. 60A; One Hundred Selected Masterpieces, XIX/XX Century – Kasser Art Foundation, Kasser Art Foundation, Montclair NJ, 1992, p. 106f.

**Jean (Hans) Arp**
*Arthur Rimbaud,* 1962
from: *Arthur Rimbaud vu par des peintres contemporains, Neuf gravures originales* with works by Jean Arp, Georges Braque, Jean Cocteau, Max Ernst, Valentine Hugo, Alberto Giacometti, Joan Miró, Pablo Picasso, Jacques Villon, 1962
Coloured woodcut
Sheet 48.8 × 37.4 cm / block 19.4 × 15.5 cm
Signed bottom left: ARP; numbered bottom right: 38/97; printed by: Fequet et Baudier, Paris

Provenance
Marcel Adler, Beaux livres – Estampes modernes, Lausanne; since 1974 Kasser/Mochary Collection

Literature
Wilhelm F. Arntz, Hans (Jean) Arp. Das graphische Werk 1912–1966, The Hague 1980, cat. no. 235, p. 203

**John Bellany**
*Odyssey,* 1998
Silkscreen print
85.5 × 117 cm
Signed and dated top right: Bellany '98; numbered top right: 46/100; printed by: Gresham Studio Ltd., Cambridge

Provenance
Since 1998 Kasser/Mochary Collection

**Alexander Calder**
*Balancing Woman,* c. 1930–1932
Indian ink on paper, mounted on card
57.2 × 75.1 cm
Signed bottom right: calder

Provenance
Since 1970 Kasser/Mochary Collection

Exhibitions
Irdische Paradiese – Meisterwerke aus der Kasser Art Foundation, Kunstsammlungen und Museen Augsburg / Schaezlerpalais, Augsburg 2009, cat. no. 7, p. 66f.; Földi paradicsom – Modern mesterművek a Kasser-Mochary Gyűjteményből, Hungarian National Gallery, Budapest 2010, cat. no. 7, p. 25

Literature
Auct. cat. Modern French & Other Paintings, Drawings and Sculpture: Brauner, Calder, Camoin, et al., Parke-Bernet Galleries, Inc., New York, NY, 1970, cat. no. 64; One Hundred Selected Masterpieces, XIX/XX Century – Kasser Art Foundation, Kasser Art Foundation, Montclair NJ, 1992, p. 212

**Paul Cézanne**
*Vénus accroupie (Crouching Venus),* 1885–1888
Pencil on paper
47.5 × 30.8 cm

Provenance
Ambroise Vollard, Paris; until 1957 Dr Fritz Nathan and Dr Peter Nathan, Zürich; 1957–1971 Norton Simon, Los Angeles CA; since 1971 Kasser/Mochary Collection

Exhibitions
Festival '72. Exhibition of Decorative and Fine Arts from New Jersey Private Collections, New Jersey State Museum, Trenton NJ, 1972, cat.; Irdische Paradiese – Meisterwerke aus der Kasser Art Foundation, Kunstsammlungen und Museen Augsburg / Schaezlerpalais, Augsburg 2009, cat. no. 9, p. 75ff.; Földi paradicsom – Modern mesterművek a Kasser-Mochary Gyűjteményből, Hungarian National Gallery, Budapest 2010, cat. no. 9, p. 27

Literature
Lionello Venturi, Cézanne, son art – son œuvre, Paris 1936, no. 1441, p. 371; Auct. cat. 19th and 20th Century Paintings, Drawings and Sculpture, Parke-Bernet Galleries, Inc., New York, NY, 1971, cat. no. 26; Adrien Chappuis, The Drawings of Paul Cézanne. A Catalogue Raisonné, vol. 2, New York, NY, 1973, no. 950; One Hundred Selected Masterpieces, XIX/XX Century, Kasser Art Foundation, Montclair NJ, 1992, p. 56f.

**Giorgio de Chirico**
*Oreste e Pilade (Orestes and Pylades),* 1925 or 1940
Bronze, cast 1965
28 × 23.5 × 21.5 cm
Signed and numbered on the base, right: G. de Chirico / 5/6; inscribed on the base, bottom rear: MODERN-ART FODRY. N.Y.

Provenance
Carlo F. Bilotti Collection, New York; Weintraub Gallery, New York, NY; since 1972 Kasser/Mochary Collection

Exhibitions
Omaggio a De Chirico. Opere dal 1912 al 1934, La Medusa Gallery, Rome 1966, cat., ill. (described as 'Archeologi, 1921'); Brera Gallery, Milan 1967, cat.; Twentieth Century Italian Art, from the Carlo F.

Bilotti Collection, Finch College Museum, New York NY/ Penn State University, Pennsylvania PA 1967, cat.; Irdische Paradiese – Meisterwerke aus der Kasser Art Foundation, Kunstsammlungen und Museen Augsburg / Schaezlerpalais, Augsburg 2009, cat. no. 16, p. 95ff.; Földi paradicsom – Modern mesterművek a Kasser-Mochary Gyűjteményből, Hungarian National Gallery, Budapest 2010, cat. no. 16, p. 34

Literature
Catalogo generale di Giorgio de Chirico, vol. 2. Opere dal 1931 al 1950, ed. by Claudio Bruni, Milan 1971, cat. no. 138; One Hundred Selected Masterpieces, XIX/XX Century – Kasser Art Foundation, Kasser Art Foundation, Montclair NJ, 1992, p. 192f.

**Jean Cocteau**
*El Cordobés,* 1963
Indian ink on paper
33.1 × 20.9 cm
Signed with the 'device star' and dated bottom right: Jean / * 1963

Provenance:
Since 1967 Kasser/Mochary Collection

Exhibitions:
With a French Accent, The Montclair Art Museum, Montclair NJ, 1971, cat. no. 27

Literature:
One Hundred Selected Masterpieces, XIX/XX Century, Kasser Art Foundation, Montclair NJ, 1992, p. 198f.

**Edgar Degas**
*Femme enceinte* (*Pregnant Woman*), 1896–1911
Bronze, cast c. 1919
43.5 × 17.5 × 15.5 cm
Signed on the front of the base, right: Degas; inscribed on the base (behind the figure's right foot): CIRE / PERDUE / A A.HEBRARD; numbered on the base: 24 / D

Provenance
Until 1929 A. A. Hébrard; 1929–1956 Justin K. Tannhauser, Munich, Paris, New York; from 1956 to c. 1970 Walter P. Chrysler, Jr., New York NY; c. 1970–1971 Jack Tanzer, New York NY; since 1971 Kasser/Mochary Collection

Exhibitions
With a French Accent, The Montclair Art Museum, Montclair NJ, 1971, cat. no. 34; Collector´s Choice Exhibition, Selected Works of Sculpture and Painting Lent by the Kasser Art Foundation, Palm Springs Desert Museum, Palm Springs CA, 1972, p. 11; Festival '72. Exhibition of Decorative and Fine Arts from New Jersey Private Collections, New Jersey State Museum, Trenton NJ, 1972, cat.; Irdische Paradiese – Meisterwerke aus der Kasser Art Foundation, Kunstsammlungen und Museen Augsburg / Schaezlerpalais, Augsburg 2009, cat. no. 18, p. 102ff.; Földi paradicsom – Modern mesterművek a Kasser-Mochary Gyűjteményből, Hungarian National Gallery, Budapest 2010, cat. no. 18, p. 36

Literature
John Rewald, The Complete Sculptures of Degas, London 1976, no. 57, p.; Joseph S. Czestochowski and Anne Pigeot, Degas Sculptures: Catalogue Raisonné of the Bronzes, Memphis TN, 2002, no. 24; One Hundred Selected Masterpieces, XIX/XX Century – Kasser Art Foundation, Kasser Art Foundation, Montclair NJ, 1992, p. 96f.

**André Derain**
*Le Jongleur* (*The Juggler*), post-1938
Bronze
14 × 11.8 × 2.4 cm
Signed on the rear. left, to one side: AT / ANDRE / DERAIN; numbered on the rear, to the left: 8/11

Provenance
Since 1971 Kasser/Mochary Collection

Exhibitions
Collector's Choice Exhibition; Selected Works of Sculpture and Painting Lent by the Kasser Art Foundation, Palm Springs Desert Museum CA, 1972, p. 12

Literature
Pierre Cailler, Catalogue raisonné de l'œuvre sculpté de André Derain, pt. 1, Aigle 1965, no. 30

**Paul Eluard**
*Un poème dans chaque livre* (*A Poem for Every Book*), 1956
Book with 16 original etchings and lithographs
Box 21.5 × 19.8 × 5.8 cm

**Max Ernst**
*Hommage à Rimbaud* (*Homage to Rimbaud*), 1961
from: *Arthur Rimbaud vu par des peintres contemporains, Neuf gravures originales,* with works by Jean Arp, Georges Braque, Jean Cocteau, Max Ernst, Valentine Hugo, Alberto Giacometti, Joan Miró, Pablo Picasso, Jacques Villon, 1962
Etching with aquatints
Sheet 48.8 × 37, 1 cm / Plate 20.9 × 16.1 cm
Signed bottom right: max ernst; numbered bottom left: 38/97; printer: Georges Visat, Paris

Provenance
Marcel Adler, Beaux livres – Estampes modernes, Lausanne; since 1974 Kasser/Mochary Collection

Literature
Max Ernst. Œuvre-Katalog. vol.1, Das graphische Werk, ed. by Werner Spies, Cologne 1975, no. 83

**Paul Gauguin**
*Hina,* undated
Bronze, posthumous cast after the wooden original of 1892
36 × 13 × 6.2 cm
Monogrammed bottom left: P Go; numbered on the left foot of the figure: 9/20; inscribed on the front of the baseplate: HINA; caster's mark bottom left: CIRE / C. VALSUANI / PERDUE

Provenance
Since 1970 Kasser/Mochary Collection

Exhibitions
Collector's Choice Exhibition; Selected Works of Sculpture and Painting Lent by the Kasser Art Foundation, Palm Springs Desert Museum, Palm Springs CA, 1972, p. 15; Festival '72. Exhibition of Decorative and Fine Arts from New Jersey Private Collections, New Jersey State Museum, Trenton NJ, 1972, cat.

Literature
Auct. cat. Important 19th–20th Century Sculpture, Parke-Bernet Galleries, Inc., New York NY, 1970,

no. 19; One Hundred Selected Masterpieces, XIX/XX Century, Kasser Art Foundation, Montclair NJ, 1992, p. 58f.

**Paul Gauguin**
*Ja Orana Maria* (*Hail Mary*), 1894/95
Zincography
Sheet 37.3 × 27.9 cm, plate 25.7 × 20 cm
Round seal with the artist's monogram on the plate bottom left: PGO

Provenance
Marcel Adler, Beaux livres – Estampes modernes, Lausanne; since 1978 Kasser/Mochary Collection

Exhibitions
Cent œuvres de Gauguin, Galerie Charpentier, Paris 1960, cat. no. 85

Literature
Paul Gauguin. Das druckgraphische Werk, ed, by Wolfgang Wittrock, Düsseldorf 1978, p. 73, cat. no. 36; Marcel Guérin, L'œuvre Gravé de Gauguin, San Francisco CA, 1980, cat. no. 51; Elizabeth Mongan, Eberhard Kornfeld and Harold Joachim, Paul Gauguin. Catalogue Raisonné of his Prints, Bern 1988, p. 130f., no. 27

**Alberto Giacometti**
*Annette VI*, 1962
Bronze
60 × 25.3 × 20.1 cm
Signed and numbered bottom left: Alberto Giacometti 1/6; inscribed bottom right: Susse Fondeur Paris

Provenance
Artist; from 1964 Pierre Matisse Galleries, New York NY; 1964–1970 Arthur J. Kobacker, Steubenville, OH; since 1970 Kasser/Mochary Collection

Exhibitions
Collector's Choice Exhibition; Selected Works of Sculpture and Painting Lent by the Kasser Art Foundation, Palm Springs Desert Museum, Palm Springs CA, 1972, p. 16; Fakes and Forgeries, The Minneapolis Institute of Arts, Minneapolis MN, 1973, cat. no. 170; Menschenbilder. Figur in Zeiten der Abstraktion (1945–1955), Kunsthalle Mannheim, Mannheim 1998/99, cat., p. 224f.; Die Familie Giacometti. Das Tal, die Welt, Städtische Kunsthalle Mannheim, Mannheim 2000, cat., p. 227; Alberto Giacometti. El diálogo con la historia del arte, IVAM Centre Julio González, Valencia 2000/01, cat., p. 235; Irdische Paradiese – Meisterwerke aus der Kasser Art Foundation, Kunstsammlungen und Museen Augsburg / Schaezlerpalais, Augsburg 2009, cat. no. 27, p. 130ff.; Földi paradicsom – Modern mesterművek a Kasser-Mochary Gyűjteményből, Hungarian National Gallery, Budapest 2010, cat. no. 27, p. 45; Alberto Giacometti – der Ursprung des Raumes, Museum der Moderne Mönchsberg, Salzburg 2010, ill. p. 156

Long-term loans
Bayerische Staatsgemäldesammlungen, Munich 1978–1989; Salzburger Landessammlungen, Rupertinum , Salzburg 1989–1995; Städtische Kunsthalle Mannheim, Mannheim 1995–2001; The Philbrook Museum of Art, Tulsa OK, since 2001

Literature
Jacques Dupin, Alberto Giacometti, Paris, 1962, p. 295; Auct. cat. Important 19th–20th Century Sculpture, Parke-Bernet Galleries, Inc., New York NY, 1970, no. 42; One Hundred Selected Masterpieces, XIX/XX Century, Kasser Art Foundation, Montclair NJ, 1992, p. 32f.

**Alberto Giacometti**
*Femme debout* (*Standing Woman*), undated
Bronze, gilt, cast unverified
9 cm
Designed as a brooch and cast in an un-numbered edition

Literature
Auct. cat. Nineteenth & Twentieth Century Sculpture, Parke-Bernet Galleries, Inc., New York NY, 1969, no. 41

Provenance
Since 1969 Kasser/Mochary Collection

**Alberto Giacometti**
*Nu de profil* (*Nude in profile*), 1961
Lithograph
38 × 28 cm
Appeared in: *Derrière le miroir*, no. 127, Paris 1961, p. 8

Exhibitions
Irdische Paradiese – Meisterwerke aus der Kasser Art Foundation, Kunstsammlungen und Museen Augsburg / Schaezlerpalais, Augsburg 2009, cat. no. 25, p. 124ff.; Földi paradicsom – Modern mesterművek a Kasser-Mochary Gyűjteményből, Hungarian National Gallery, Budapest 2010, cat. no. 25, p. 43

Literature
Herbert C. Lust: Giacometti. The Complete Graphics and 15 Drawings, New York NY, 1970, no. 149, p. 132

**Alberto Giacometti**
*Figure assise* (*Seated figure*), 1961
Lithograph
38 × 28 cm
Appeared in: *Derrière le miroir*, no. 127, Paris 1961, p. 21

Exhibitions
Irdische Paradiese – Meisterwerke aus der Kasser Art Foundation, Kunstsammlungen und Museen Augsburg / Schaezlerpalais, Augsburg 2009, cat. no. 26, p. 127ff.; Földi paradicsom – Modern mesterművek a Kasser-Mochary Gyűjteményből, Hungarian National Gallery, Budapest 2010, cat. no. 26, p. 44

Literature
Herbert C. Lust: Giacometti. The Complete Graphics and 15 Drawings, New York NY, 1970, no. 158, p. 134

**Alberto Giacometti**
*Rimbaud*, 1962
from: *Arthur Rimbaud vu par des peintres contemporains, Neuf gravures originales,* with works by Jean Arp, Georges Braque, Jean Cocteau, Max Ernst, Valentine Hugo, Alberto Giacometti, Joan Miró, Pablo Picasso, Jacques Villon, 1962.
Etching
Sheet 48.7 × 37 cm / plate 29.6 × 24.8 cm
Signed bottom right: Alberto Giacometti; numbered bottom left: 38/97; printer: Visat, Paris

Provenance
Marcel Adler, Beaux livres – Estampes modernes, Lausanne; since 1974 Kasser/Mochary Collection

Literature
Herbert C. Lust, Giacometti, The Complete Graphics and 15 Drawings, New York NY, 1970, cat. no. 175, p. 139; Herbert C. Lust, Alberto Giacometti: the Complete Graphics. Catalogue Raisonné, New York NY, 1970, cat. no. 175, p. 223

**Juan Gris**
Untitled, undated
Verso of *L'enlèvement* (*The Abduction*), 1908
Gouache and charcoal on paper
39.5 × 32 cm

Provenance
Artist; Emilia Landau, Madrid; since 1970 Kasser/Mochary Collection

Exhibitions
With a French Accent, The Montclair Art Museum, Montclair NJ, 1971, cat. no. 28; Irdische Paradiese – Meisterwerke aus der Kasser Art Foundation, Kunstsammlungen und Museen Augsburg / Schaezlerpalais, Augsburg 2009, cat. no. 28, p. 134ff.; Földi paradicsom – Modern mesterművek a Kasser-Mochary Gyűjteményből, Hungarian National Gallery, Budapest 2010, cat. no. 28, p. 46

Literature
One Hundred Selected Masterpieces, XIX/XX Century, Kasser Art Foundation, Montclair NJ, 1992, p. 50f.; Raymond Bachollet, Juan Gris, dessinateur de presse. De Madrid à Monmarte. Catalogue raisonné 1904–1912, Paris 2003, no. 58, p. 191

**Josef Kaiser**
*Kniende* (*Kneeling Woman*), 1985
Granite
46 × 46 × 28 cm
Monogrammed at the rear, right: K; dated at the rear, left: 85

Provenance
Artist; since 1986 Kasser/Mochary Collection

**Le Corbusier**
Sheets 1, 2, 7 and 9
from: *Unité* (*Unity*) with 20 etchings, 1965
Printed by: Atelier Crommelynck, Paris (etchings) and Fequet et Baudier, Paris (text)
Edition: 130 impressions, numbered 1 to 130 and 30 impressions for the artist and his assistants, numbered I bis XXX
Etching (aquatint)
Sheet 45 × 57 cm / plate 31.2 × 41.4 cm, or: sheet 57 × 45 cm / plate 41.4 × 31.2 cm
Sheets 1, 7 and 9
Signed bottom right: Le Corbusier; numbered bottom left: 119/130; sheet 2; numbered bottom left: 119/130

Provenance
Atelier Crommelynck, Paris; approx. since 1970s Kasser/Mochary Collection

**Jacques Lipchitz**
*Danseuse aux voiles* (*Dancing-girl with Veils*), 1947/48
Bronze, cast pre-1952
37.5 × 23 × 20.3 cm
Signed on the top of the base at the rear: J Lipchitz; numbered on the top of the base at the rear: 4; thumbprint of the artist on the top of the base at the rear

Handwritten note by the artist for the Kasser family on the occasion of the purchase in 1970: *"Danseuse aux voiles" bronze 1947, l'edition / de 7 exemplaires n'a pu être completée / etait donné que le modele en plâtre / a perit dans mon incendre en 1952"*

Provenance
Artist; Emilia Landau, Madrid; since 1970 Kasser/Mochary Collection

Literature
Alan G. Wilkinson, The Sculpture of Jacques Lipchitz, a Catalogue Raisonné. Vol. 2, The American Years 1941–1973, New York NY, 2000, no. 428, p. 46 (*Dancer*)

**René Magritte**
*Ma mère l'oye* (*My Mother, the Goose*)
from: *Les Enfants trouvés de Magritte* with 12 lithographs, 1968
Colour lithograph
Sheet 44.2 × 60 cm / stone 30.3 × 45.3 cm
Signed in the plate bottom right: magritte; signed bottom right by Fernand Mourlot: FM; printed by: Fernand Mourlot, Paris

Provenance
Marcel Adler, Beaux livres – Estampes modernes, Lausanne; since 1972 Kasser/Mochary Collection

Literature
René Magritte – Catalogue Raisonné. Vol. IV Gouaches, Temperas, Watercolours and Papiers Collés 1918–1967, ed. by David Sylvester, Basel 1994, p. 189

**Aristide Maillol**
*Femme accroupie* (*Crouching Nude*), undated
Pencil on paper
32.7 × 25 cm

Provenance
Gaspard Maillol; since 1967 Kasser/Mochary Collection

Exhibitions
Irdische Paradiese – Meisterwerke aus der Kasser Art Foundation, Kunstsammlungen und Museen Augsburg / Schaezlerpalais, Augsburg 2009, cat. no. 44, p. 187ff.; Földi paradicsom – Modern mesterművek a Kasser-Mochary Gyűjteményből, Hungarian National Gallery, Budapest 2010, cat. no. 44, p. 65

**Giacomo Manzù**
*Busto di donna* (*Bust of Woman*), 1955
Bronze
70 × 46 × 22.5 cm
Round stamp at the rear, right: FONDERIA MAF MILANO MANZU

Provenance
Artist; Galerie Claude Bernard, Paris; since 1970 Kasser/Mochary Collection

Exhibitions
Irdische Paradiese – Meisterwerke aus der Kasser Art Foundation, Kunstsammlungen und Museen Augsburg / Schaezlerpalais, Augsburg 2009, cat. no. 45, p.189ff.; Földi paradicsom – Modern mesterművek a Kasser-Mochary Gyűjteményből, Hungarian National Gallery, Budapest 2010, cat. no. 45, p. 66

Literature
John Rewald, Giacomo Manzù, Salzburg 1966, ill. 43; Auct. cat. Important 19th – 20th Century Sculpture Parke-Bernet Galleries, Inc., New York NY, 1970, no. 63; One Hundred Selected Masterpieces,

XIX/XX Century, Kasser Art Foundation, Montclair NJ, 1992, p. 138f.

**Marino Marini**
Untitled, 1963
For the magazine XX Siècle, no. 21, May 1963
Colour lithograph
Sheet 44 × 33 cm / stone 31 × 23.5 cm
Signature stamp bottom right: MARINO

Literature
Marino Marini. Druckgraphik. Werkkatalog, hg. von den Bayerischen Staatsgemäldesammlungen, Munich 1976, cat. no. L K 1963, p. 130; Giorgio Guastalla / Guido Guastalla, Catalogo ragionato dell'Opera grafica (Incisioni e Litografie) 1919–1980, Livorno 1990, ill. no. LN 1963, p. 192; Daniel Berger, Marino Marini – Werkverzeichnis der Graphik, 1991, p. 94, ill. 178

**Marino Marini**
*Allucinazione* (*Hallucination*), 1970
Sheet 2 from the album *Imagines*
Etching
Sheet 65 × 50 cm / plate 41.6 × 36.5 cm
Signed bottom right: MARINO; numbered bottom left: 8/40; printed by: Wilhelm Schneider & Co., Berlin

Literature
Marino Marini. Druckgraphik. Werkkatalog, Bayerischen Staatsgemäldesammlungen, Munich 1976, cat. no. R 105, p. 61; Giorgio Guastall / Guido Guastalla, Catalogo ragionato dell'Opera grafica (Incisioni e Litografie) 1919–1980, Livorno 1990, ill. A107, p. 79; Daniel Berger, Marino Marini – Werkverzeichnis der Graphik, 1991, p. 120, ill. 227

**Marino Marini**
*Cavalli e Cavalieri* (*Horses and Riders*), 1979
Reproductions of 23 drawings in slipcase
Slipcase 29.2 × 24.8 × 3 cm

**Henri Matisse**
*La danse* (*Dance*), 1911
Bronze, cast 1953
41.6 × 18 × 18 cm
Monogrammed and numbered on the top of the plinth: HM 3; inscribed on the rear of the plinth, bottom left: CIRE / C. VALSUANI / PERDUE

Provenance
Artist; Sten Åhlberg, Stockholm; since 1970 Kasser/Mochary Collection

Exhibitions
With a French Accent, The Montclair Art Museum, Montclair NJ, 1971, cat. no. 36; Collector's Choice Exhibition; Selected Works of Sculpture and Painting Lent by the Kasser Art Foundation, Palm Springs Desert Museum, Palm Springs CA, 1972, p. 25; Festival '72. Exhibition of Decorative and Fine Arts from New Jersey Private Collections, New Jersey State Museum, Trenton NJ, 1972, cat.; Irdische Paradiese – Meisterwerke aus der Kasser Art Foundation, Kunstsammlungen und Museen Augsburg / Schaezlerpalais, Augsburg 2009, cat. no. 58, p. 233ff.; Földi paradicsom – Modern mesterművek a Kasser-Mochary Gyűjteményből, Hungarian National Gallery, Budapest 2010, cat. no. 58, p. 38

Long-term loan
Museum der Moderne, Mönchsberg, Salzburg since 2004

Literature
Auct. cat. Important 19th–20th Century Sculpture, Parke-Bernet Galleries, Inc., New York NY, 1970, no. 9; Claude Duthuit, Henri Matisse; catalogue raisonné de l'œuvre sculpté établi, Paris 1997, no. 54; One Hundred Selected Masterpieces, XIX/XX Century, Kasser Art Foundation, Montclair NJ, 1992, p. 98f.

**Jean François Millet**
*Études pour »Le repos des moissoneurs* (*Ruth et Boaz*)*«* (*Studies for 'Harvesters Resting [Ruth und Boaz]'*), 1850–1853
Charcoal and chalk on paper
31.5 × 46 cm

Provenance
Leicester Galleries, London; from 1961 Dr Leon M. Lewitt; since 1970 Kasser/Mochary Collection

Exhibitions
Artists of Fame and of Promise, Leicester Galleries, London 1961; Irdische Paradiese – Meisterwerke aus der Kasser Art Foundation, Kunstsammlungen und Museen Augsburg / Schaezlerpalais, Augsburg 2009, cat. no. 59, p. 273ff.; Földi paradicsom – Modern mesterművek a Kasser-Mochary; Gyűjteményből, Hungarian National Gallery, Budapest 2010, cat. no. 59, p. 84

Literature
Auct. cat. Modern French & Other Paintings, Drawings and Sculpture: Brauner, Calder, Camoin, et al., Parke-Bernet Galleries, Inc., New York NY, 1970, no. 24; One Hundred Selected Masterpieces, XIX/XX Century, Kasser Art Foundation, Montclair NJ, 1992, p. 42f.

**Zwy Milshtein**
*Dossier Solange,* 1967
Dossier with 18 etchings in a slipcase with drawing
Slipcase 19 × 15.5 × 3.7 cm

**Joan Miró**
*Hommage à Rimbaud* (*Homage to Rimbaud*), 1962
from: *Arthur Rimbaud vu par des peintres contemporains, Neuf gravures originales,* with works by Jean Arp, Georges Braque, Jean Cocteau, Max Ernst, Valentine Hugo, Alberto Giacometti, Joan Miró, Pablo Picasso, Jacques Villon, 1962
Colour lithograph
Sheet 49 × 37.4 cm / stone 29 × 22 cm
Signed bottom right: Miró; numbered bottom left: 38/97; printed by: Mourlot Frères, Paris

Provenance
Marcel Adler, Beaux livres – Estampes modernes, Lausanne; since 1974 Kasser/Mochary Collection

Literature
Patrick Cramer, Joan Miró. The Illustrated Books: Catalogue Raisonné, Geneva 1989, cat. no. 79, p. 218f.

**Amedeo Modigliani**
*Le corsage rose* (*The Pink Blouse*), 1913–1917
Pastel, chalk, pencil and watercolour on paper
33.9 × 26.7 cm
Signed top right: modigliani

Provenance
Bignou Gallery, New York NY; John Gerald, New York NY; since 1970 Kasser/Mochary Collection

Exhibitions
Modigliani – Soutine, The Cleveland Museum of Art, Cleveland OH, 1951; Modigliani, Paintings, Drawings, Sculpture, The Museum of Modern Art, New York NY, 1951, cat.; Amedeo Modigliani 1884 – 1920, Society of the Four Arts, Palm Beach FL, 1954 and Lowe Gallery, Miami FL, 1954, cat. no. 33; The Art of Amedeo Modigliani, The Atlanta Art Association Galleries, Atlanta GA, 1960, cat. no. 54; With a French Accent, The Montclair Art Museum, Montclair NJ, 1971, cat. no. 13; Irdische Paradiese – Meisterwerke aus der Kasser Art Foundation, Kunstsammlungen und Museen Augsburg / Schaezlerpalais, Augsburg 2009, cat. no. 60, p. 242ff.; Földi paradicsom – Modern mesterművek a Kasser-Mochary Gyűjteményből, Hungarian National Gallery, Budapest 2010, cat. no. 60, p. 86

Literature
Auct. cat. Highly Important Impressionist, Post-Impressionist & Modern Paintings and Drawings, Parke-Bernet Galleries, Inc., New York NY, 1970, no. 5A; One Hundred Selected Masterpieces, XIX/XX Century, Kasser Art Foundation, Montclair NJ, 1992, p. 92f.

**László Moholy-Nagy**
*Composition*, 1941
Coloured pencil, lead pencil and India ink on paper
21.5 × 27.8 cm
Signed and dated bottom left: Moholy:Nagy / Aug. 8/41; bottom right dedication: to Jack Pitchard M:N / Christmas 1944

Provenance
Piccadilly Gallery, London; Gertrude Stein Gallery, New York NY; since 1971 Kasser/Mochary Collection

Exhibitions
Festival '72. Exhibition of Decorative and Fine Arts from New Jersey Private Collections, New Jersey State Museum, Trenton NJ, 1972, cat.; Irdische Paradiese – Meisterwerke aus der Kasser Art Foundation, Kunstsammlungen und Museen Augsburg / Schaezlerpalais, Augsburg 2009, cat. no. 62, p. 247ff.; Földi paradicsom – Modern mesterművek a Kasser-Mochary Gyűjteményből, Hungarian National Gallery, Budapest 2010, cat. no. 62, p. 87

Literature
Auct. cat. Modern European & American Paintings, Sculpture and Drawings, Avery, Bluemner, Calder, Parke-Bernet Galleries, Inc., New York NY, 1971, no. 32; One Hundred Selected Masterpieces, XIX/XX Century, Kasser Art Foundation, Montclair NJ, 1992, p. 114f.

**Henry Moore**
*Two Seated Figures Against Wall*, 1960
Bronze, one of 12 casts
50 × 50 × 28.5 cm

Provenance
Laing Galleries, Toronto ON, Canada; until 1968 Ben Raxlen, Toronto ON, Canada; since 1968 Kasser/Mochary Collection

Exhibitions
Irdische Paradiese – Meisterwerke aus der Kasser Art Foundation, Kunstsammlungen und Museen Augsburg / Schaezlerpalais, Augsburg 2009, cat. no. 64, p. 255ff.; Földi paradicsom – Modern mesterművek a Kasser-Mochary Gyűjteményből, Hungarian National Gallery, Budapest 2010, cat. no. 64, p. 89f.

Literature
Auct. cat. Important 19th and 20th Century Sculpture, Parke Bernet Galleries, Inc., New York NY, 1968, no. 149; Alan Bowness, Henry Moore, complete sculpture, vol. 3: Sculpture 1955–64, London 1986; One Hundred Selected Masterpieces, XIX/XX Century, Kasser Art Foundation, Montclair NJ, 1992, p. 36f.

**Henry Moore**
*Reclining Figure*, 1951–1966
Aquatint and drypoint etching
Sheet 21.8 × 31 cm / plate 7.6 × 15 cm
Signed bottom right: Moore; numbered bottom left: 9/50

Provenance
Associated American Artists; since 1970 Kasser/Mochary Collection

Exhibitions
Collector's Choice of Graphics – From the Kasser Art Foundation, Palm Springs Desert Museum, Palm Springs / Phinny Gallery, Palm Springs CA, 1979

Literature
Henry Moore – Catalogue of Graphic Work, ed. by Gérald Cramer, Alistair Grant and David Mitchinson, Geneva 1973, cat. no. 55; Henry Moore – das grafische Werk, Wilhelm Lehmbruck Museum, Duisburg 1974, cat. no. 44, p. 24

**Eduardo Paolozzi**
*A Logical Picture of Facts is a Thought*, 1995
from: *The Jesus College Quincentennial Portfolio* with works by John Bellany, Barry Flanagan, John Hoyland, Albert Irvin, Kim Lim, Richard Long, John McLean, David Mach, Eduardo Paolozzi, William Turnbull, 1996
Silkscreen print
Sheet 76 × 56 cm / plate 59.5 × 44.3 cm
Signed and dated bottom right: Eduardo Paolozzi 1995; numbered bottom left: VII/X; printed by: Gresham Studio Ltd., Cambridge

Provenance
Since 1996 Kasser/Mochary Collection

**Pablo Picasso**
*Le Carmen des Carmen*, 1947/1964
Illustrations to Prosper Mérimée, Louis Aragon: *Le Carmen des Carmen*
Loose sheets in card envelope in linen folder: four aquatints, one drypoint etching, one colour lithograph
Folder 38.4 × 28.3 × 6 cm

**Pablo Picasso**
*El Entiero de Conde de Orgaz* (*The Interment of the Count of Orgaz*), 1969
Book with 12 etchings
Box 49 × 38.5 × 7 cm

**Auguste Rodin**
*Femmes damnées* (*Damned Women*), 1885–1890
Bronze, cast 1980
20 × 28 × 12 cm
Signed on the rock base, front: Rodin; inscribed on the rear of the rock base, bottom centre with the

foundry mark of Coubertin: F C; inscribed on the rear of the rock base, bottom ventre: © by musée Rodin no. 11

Provenance
Musée Rodin, Paris; since 1980 Kasser/Mochary Collection

Exhibitions
Rodin, Skulpturen, Zeichnungen, Galerie Orangerie, Palais Auersperg, Vienna 1980, cat. no. 14; Irdische Paradiese – Meisterwerke aus der Kasser Art Foundation, Kunstsammlungen und Museen Augsburg / Schaezlerpalais, Augsburg 2009, cat. no. 80, p. 305ff.; Földi paradicsom – Modern mesterművek a Kasser-Mochary Gyűjteményből, Hungarian National Gallery, Budapest 2010, cat. no. 79, p. 108f.

Literature
One Hundred Selected Masterpieces, XIX/XX Century, Kasser Art Foundation, Montclair NJ, 1992, p. 24f.; Antoinette Le Normand-Romain, Rodin et le bronze. Catalogue des œuvres conservées au Musée Rodin, vol. I, Paris 2007, p. 365f.

**Auguste Rodin**
*Figure volante* (*Flying Figure*), Grand modèle, 1890/91
Bronze, cast 1969
53 × 78 × 30 cm
Signed on the top of the plinth, right front: A.Rodin; inscribed on the right-hand side of the plinth, bottom: . © by musée Rodin.1969.; inscribed on the rear of the plinth: .Georges Rudier. / .Fondeur.Paris.

Provenance
Musée Rodin, Paris; since 1968 Kasser/Mochary Collection

Exhibitions
With a French Accent, The Montclair Art Museum, Montclair NJ, 1971, cat. no. 37; Collector's Choice Exhibition; Selected Works of Sculpture and Painting Lent by the Kasser Art Foundation, Palm Springs Desert Museum, Palm Springs CA, 1972, p. 41; Festival '72. Exhibition of Decorative and Fine Arts from New Jersey Private Collections, New Jersey State Museum, Trenton NJ, 1972, cat.; Irdische Paradiese – Meisterwerke aus der Kasser Art Foundation, Kunstsammlungen und Museen Augsburg / Schaezlerpalais, Augsburg 2009, cat. no. 82, p. 313ff.; Földi paradicsom – Modern mesterművek a Kasser-Mochary Gyűjteményből, Hungarian National Gallery, Budapest 2010, cat. no. 81, p. 111

Long-term loan
Museum der Moderne Mönchsberg, Salzburg, since 2004

Literature
One Hundred Selected Masterpieces, XIX/XX Century, Kasser Art Foundation, Montclair NJ, 1992, p. 20f.; Antoinette Le Normand-Romain, Rodin et le bronze. Catalogue des œuvres conservées au Musée Rodin, vol. I, Paris 2007, p. 369f.

**Auguste Rodin**
*L'éternelle idole* (*The Eternal Idol*), Grand modèle, 1893
Bronze, cast 1971
73 × 55 × 39 cm
Signed on the rock base in front: A. Rodin; stamped on the inside of the bronze on the back wall, bottom centre: A. Rodin; inscribed on the left-hand narrow side of the rock base bottom right: . Georges Rudier . / . Fondeur . Paris .; inscribed on the left-hand narrow side of the rock base bottom left: . © by musée Rodin 1971.

Provenance
Musée Rodin, Paris; since 1971 Kasser/Mochary Collection

Exhibitions
Rodin, Eros und Leidenschaft, Kunsthistorisches Museum Wien, Palais Harrach, Vienna 1996, cat. no. 22, p. 178; Irdische Paradiese – Meisterwerke aus der Kasser Art Foundation, Kunstsammlungen und Museen Augsburg / Schaezlerpalais, Augsburg 2009, cat. no. 84, p. 319ff.; Földi paradicsom – Modern mesterművek a Kasser-Mochary Gyűjteményből, Hungarian National Gallery, Budapest 2010, cat. no. 83, p. 113ff.

Literature
One Hundred Selected Masterpieces, XIX/XX Century, Kasser Art Foundation, Montclair NJ, 1992, p. 8f.; Antoinette Le Normand-Romain, Rodin et le bronze. Catalogue des œuvres conservées au Musée Rodin, vol. I, Paris 2007, p. 328ff. (Cast 8/12 entry under *œuvres en rapport* to *Grand modèle, marbre*)

**Georges Rouault**
*Fille au grand chapeau* (*Young Woman with Large Hat*), 1929
Edition 1955
From: *Réincarnations du Pére Ubu* (*Reincarnations of Père Ubu*)
Aquatint
Sheet 32.7 × 25.5 cm / plate 9.8 × 7.4 cm
Monogrammed and dated bottom left in the plate: G. R 1929; inscribed bottom left: K 163/ 6

Provenance
Marcel Adler, Beaux livres – Estampes modernes, Lausanne; since 1972 Kasser/Mochary Collection

Literature
Œuvre Gravé Rouault, ed. by François Chapon, Monaco 1978, p. 183, ill. no. 39

**Pierre Soulages**
*Lithographie no. 28* (*Lithograph no. 28*), 1970
Lithograph
Sheet 38.4 × 31.5 cm / stone 31.5 × 24 cm
Signed bottom right: Soulages; numbered bottom left: 50/75

Provenance
Marcel Adler, Beaux livres – Estampes modernes, Lausanne; since 1972 Kasser/Mochary Collection

Literature
Soulages l'œuvre imprimé, ed. by Pierre Encrevé and Marie-Cécile Miessner, Bibliothèque nationale de France 2003, cat. no. 76

**Ricardo Ulloa Garay**
*Espacio del Domingo* (*Sunday Space*), 1989
Indian ink on paper
25.4 × 35 cm
Signed bottom right: Rulloa

Provenance
Artist; since 1989 Kasser/Mochary Collection

Exhibitions
Ricardo Ulloa Garay Dibujos, Galería Cultural del Hotel Cariari, Costa Rica 1989

**Ricardo Ulloa Garay**
*Vidas Paralelas* (*Parallel Lives*), 1989
Indian ink on paper
26.5 × 34.1 cm
Signed bottom right: Rulloa

Provenance
Artist; since 1989 Kasser/Mochary Collection

Exhibitions
Ricardo Ulloa Garay Dibujos, Galería Cultural del Hotel Cariari, Costa Rica 1989

**Ricardo Ulloa Garay**
*En la acera* (*On the Pavement*), 1989
Indian ink on paper
21.7 × 35.5 cm
Signed bottom right: Rulloa

Provenance
Artist; since 1989 Kasser/Mochary Collection

Exhibitions
Ricardo Ulloa Garay Dibujos, Galería Cultural del Hotel Cariari, Costa Rica 1989

**Ricardo Ulloa Garay**
*Bullicio* (*Tumult*), 1989
Indian ink on paper
24 × 32 cm
Signed bottom right: Rulloa

Provenance
Artist; since 1989 Kasser/Mochary Collection

Exhibitions
Ricardo Ulloa Garay Dibujos, Galería Cultural del Hotel Cariari, Costa Rica 1989

**Ricardo Ulloa Garay**
*El Asombro* (*Amazement*), 1989
Indian ink on paper
25.1 × 35.1 cm
Signed bottom right: Rulloa

Provenance
Artist; since 1989 Kasser/Mochary Collection

Exhibitions
Ricardo Ulloa Garay Dibujos, Galería Cultural del Hotel Cariari, Costa Rica 1989

**Ricardo Ulloa Garay**
*Anochecer* (*Nightfall*), 1989
Indian ink on paper
24 × 31.9 cm
Signed bottom right: Rulloa

Provenance
Künstler; since 1989 Kasser/Mochary Collection

Exhibitions
Ricardo Ulloa Garay Dibujos, Galería Cultural del Hotel Cariari, Costa Rica 1989

**Ricardo Ulloa Garay**
*El limite del silencio* (*The Limit of Silence*), 1989
Indian ink on paper
24 × 31.9 cm
Signed bottom right: Rulloa

Provenance
The artist; since 1989 Kasser/Mochary Collection

Exhibitions
Ricardo Ulloa Garay Dibujos, Galería Cultural del Hotel Cariari, Costa Rica 1989

**Jacques Villon**
*Portrait d'Arthur Rimbaud* (*Portrait of Arthur Rimbaud*), 1961
From: *Arthur Rimbaud vu par des peintres contemporains*, *Neuf gravures originales,* with works by Jean Arp, Georges Braque, Jean Cocteau, Max Ernst, Valentine Hugo, Alberto Giacometti, Joan Miró, Pablo Picasso, Jacques Villon, 1962
Etching
Sheet 48.8 × 37.1 cm / plate 23.4 × 17.5 cm
Signed bottom right: Jacques Villon; numbered bottom left: 38/97; signed in the plate bottom right: Jacques Villon

Provenance
Marcel Adler, Beaux livres – Estampes modernes, Lausanne; since 1974 Kasser/Mochary Collection

## Zitatnachweis / Source of Quotations

**Alexander Archipenko:**
Alexander Archipenko: Erläuterungen zu meiner Arbeit, in: Das Kunstwerk, XII, 1958/59, 9, S./p. 15–21, S./p. 16; englisch/english: Alexander Archipenko: Fifty Creative years 1908–1958, New York 1960, S./p. 59
© The Archipenko Foundation

**Jean (Hans) Arp:**
Jean Arp: Unsern täglichen Traum...Erinnerungen, Dichtungen und Betrachtungen aus den Jahren 1914–1954, Zürich 1995, S./p. 88 f.; englisch/english: Michael Scuffil

**Alexander Calder:**
Alexander Calder in: Abstraction-Création, Art Non-Figuratif, Nr./no. 1, Paris 1932, o.S./s.p.; englisch/english: http://calder.org/historicaltexts/text/4.html (24.8.2011), Alexander Calder: From Abstraction-Création, Art Non-Figuratif, no.1, Paris 1932.

**Paul Cézanne:**
Paul Cézanne. Über die Kunst. Gespräche mit Gasquet, Briefe, hg. von/ed. by Walter Hess, Mittenwald 1980, S./p. 85; englisch/english: David Wharry

**Jean Cocteau:**
Abb./fig. 26: Werner Schmalenbach: Amedeo Modigliani, Malerei, Skulpturen, Zeichnungen, Frankfurt am Main 1992, S./p. 190; englisch/english: Werner Schmalenbach: Amedeo Modigliani. Paintings, Sculptures, Drawings, Munich 1990, S./p. 190
© Comité Jean Cocteau »Remerciement au Comité Jean Cocteau«
Abb./fig. 41: André Fraigneau: Jean Cocteau in Selbstzeugnissen und Bilddokumenten, Hamburg 1961, S./p. 122 f.; englisch/english: David Wharry
© Comité Jean Cocteau »Remerciement au Comité Jean Cocteau«

**Giorgio de Chirico:**
Giorgio de Chirico: Die Begierde der Statue. Meditationen eines Malers, übers. von/trans. by Anton Henze, Hamburg 1992, S./p. 20 und/and S./p. 15; englisch/english: Michael Scuffil

**Gilles Deleuze, Félix Guattari:**
Gilles Deleuze, Félix Guattari: Kapitalismus und Schizophrenie, Tausend Plateaus, Berlin 1992, S./p. 403; englisch/english: Gilles Deleuze, Félix Guattari: Capitalism and Shizophrenia, University of Minnesota Press, USA 1987, S./p. 295.

**Max Ernst:**
Max Ernst. Retrospektive, Ausst.Kat. Haus der Kunst, München 1979, S./p. 130; englisch/english: Michael Scuffil

**Théophile Gautier:**
Jean-Francois Millet, Ausst.Kat. Grand Palais, Paris, Paris 1975, S./p. 80; deutsch/german: Katrin Boskamp-Priever; englisch/english: David Wharry

**Alberto Giacometti:**
Abb./fig. 26: Denys Sutton: André Derain, Köln 1960, S./p. 54f.; englisch/english: Denys Sutton: André Derain, London 1959, S./p. 48

**Paul Gauguin:**
Paul Gauguin's Intimate Journals, übers. von/trans. by Van Wyck Brooks, Bloomington 1958, S./p. 96 und/and S./p. 72; deutsch/german: Katrin Boskamp Priever

**Juan Gris:**
Will Grohmann: Bildende Kunst und Architektur, Berlin 1953, S./p. 387; englisch/english: Daniel Henry Kahnweiler: Juan Gris. His life and work, London 1947, S./p. 93

**Josef Kaiser:**
Persönliche Email vom/Personal Email 6. Juli 2011; englisch/english: Michael Scuffil
© Josef Kaiser

**Le Corbusier:**
Le Corbusier. Städtebau, hg. von/ed. by Hans Hildebrand, Berlin/Leipzig 1929, S./p. 5.; englisch/ english: Le Corbusier: The city of tomorrow and its planning, übers. von/trans. by Frederick Etchells, Mineola NY 1987, S./p. 5
© FLC

**Jacques Lipchitz:**
Jacques Lipchitz: My life in sculpture, London 1972, S./p. 178f.; deutsch/german: Katrin Boskamp-Priever

**René Magritte:**
René Magritte. Sämtliche Schriften, hg. von/ed. by André Blavier, Frankfurt am Main 1985, S./p. 15f.; englisch/english: Michael Scuffil
© ADAGP, 2011

**Aristide Maillol:**
John Rewald: Maillol, Paris 1939, S./p. 24; englisch/english: John Rewald: Maillol, übers. und hg. von/trans. and ed. by André Gloeckner, London 1939, S./p. 24

**Giacomo Manzù:**
Carlo Ludovico Ragghianti: Giacomo Manzú. Scultore, Mailand/Milan 1957, S./p. 30; deutsch/german: Birgit Lamerz-Beckschäfer; englisch/english: Michael Scuffil
© Fondazione Giacomo Manzù

**Marino Marini:**
Marino Marini. Zeichnungen, Photos, Bekenntnisse, hg. von/ed. by Ernst Scheidegger, Zürich 1959, S./p. 11; englisch/english: Michael Scuffil

**Henri Matisse:**
Henri Matisse: Ecrits et propos sur l'art, Paris 1972; deutsch/german: Henri Matisse. Über Kunst, hg. von/ed. by Jack D. Flam, übers. von/trans. by Elisabeth Hammer-Kraft, Zürich 1982, S./p. 53ff.; englisch/english: Alfred Barr: Matisse. His Art and his Public, New York 1951, S./p. 550ff.
© Musée Matisse

**Joan Miró:**
Joan Miró. Gesammelte Schriften, Fotos, Zeichnungen, hg. von/ed. by Ernst Scheidegger, Zürich 1957, S. 22f.; englisch/english: Joan Miró. Selected Writings and Interviews, hg. von/ed. by Margit Rowell, London 1986, S./p. 166

**László Moholy-Nagy:**
Krisztina Passuth: László Moholy-Nagy, Budapest 1987, S./p. 376; englisch/english: László Moholy-Nagy: The New Vision and Abstract of an Artist, New York 1949, p. 71
© The Moholy-Nagy Foundation

**Henry Moore:**
Abb./fig. 13 und/and 29: Henry Moore. Writings and Conversations, hg. von/ed. Alan Wilkinson,

Berkeley/Los Angeles 2002, S./p. 197 und/and 114; deutsch/german: Katrin Boskamp-Priever
© The Henry Moore Foundation

**Eduardo Paolozzi:**
Eduardo Paolozzi. Druckgrafik, Ausgewählte Folgen, Ausst.Kat. Wissenschaftskolleg Berlin, hg. vom/ed. by Berliner Künstlerprogramm des DAAD, Berlin 1983. o.S./s.p.; englisch/english: Michael Scuffil

**Rainer Maria Rilke:**
Rainer Maria Rilke: August Rodin, Berlin 2009, S./p. 26; englisch/english: Michael Scuffil

**Auguste Rodin:**
Abb./fig. 1: Auguste Rodin, in: Velhagen & Klasings Monatshefte, Bd. 16/7, 1902, S./p. 110; englisch/english: Michael Scuffil

Abb./fig. 9: Karl Eugen Schmidt: Künstlerworte, Leipzig 1906, S./p. 126; englisch/english: Michael Scuffil
© Seemann Henschel GmbH & Co. KG

**Georges Rouault:**
Bernard Dorival, Isabelle Rouault: Rouault. L'oeuvre peint/Complete Paintings (Catalogue Raisonné), Bd./Volume 2, Monte Carlo 1988, S./p. 312; deutsch/german: Katrin Boskamp-Priever
© Fondation Georges Rouault

**Jean-Paul Sartre:**
Abb./fig. 5 und/and 32: Jean-Paul Sartre: Die Suche nach dem Absoluten, Reinbek bei Hamburg 1999, S./p. 29f., 32; englisch/english: David Wharry

**Pierre Soulages:**
James Johnson Sweeney: Soulages, Stuttgart 1973, S./p. 22f.; englisch/english: Michael Scuffil

**Ricardo Ulloa Garay:**
Abb./fig. 44: Email-Interview mit/with Joanne Stuhr, Kasser/Mochary Family Foundation, Montclair, NJ, November 2010; deutsch/german: Ingrid Hacker-Klier
© Ricardo Ulloa Garay

Abb./fig. 47: Presseerklärung der Universidad de Costa Rica, 18.12.2007; deutsch/german: Ingrid Hacker-Klier; englisch/english: Michael Scuffil
© Ricardo Ulloa Garay

**Paul Valéry:**
Paul Valéry: Tanz. Zeichnung und Degas, Zürich 1940, S./p. 65; englisch/english: Michael Scuffil

**Jaques Villon:**
Dora Vallier: Kunst und Zeugnis, Gespräche mit Georges Braque, Joan Miró, Fernand Léger, Brancusi, Jacques Villon, Zürich 1961, S./p. 88; englisch/english: Michael Scuffil

## Bildnachweis / Photo Credits

© VG Bild-Kunst, Bonn 2011 für die Werke von / for the works by: Alexander Archipenko, Jean (Hans) Arp, Alexander Calder, Jean Cocteau, Le Corbusier, Giorgio de Chirico, André Derain, Max Ernst, René Magritte, Aristide Maillol, Marino Marini, Lázló Moholy-Nagy, Eduardo Paolozzi, Georges Rouault, Pierre Soulages, Jacques Villon

© John Bellany, 2011
© Fondation Giacometti / VG Bild-Kunst, Bonn 2011
© Josef Kaiser, 2011
© The Estate of Jacques Lipchitz, courtesy Marlborough Gallery, New York
© Giacomo Manzù, Busto di donna by SIAE 2011 / Fondazione Giacomo Manzù, Ardea
© Succession H. Matisse / VG Bild-Kunst, Bonn 2011
© Successió Miró / VG Bild-Kunst, Bonn 2011
© The Henry Moore Foundation. All Rights Reserved / VG Bild-Kunst, Bonn 2011 / Reproduced by permission of the Henry Moore Foundation, Hertfordshire
© Ricardo Ulloa Garay, 2011

Fotografien der abgebildeten Werke / Photographs of the illustrated works:

Archiv Stiftung Opelvillen: Abb. S. / fig. p 14, 17
Tim Fuller: Abb. / fig. 30–32
Reuben Neugass: Abb. / fig. 5, 14
Für alle übrigen Aufnahmen / All other photographs: Kasser / Mochary Family Foundation, Montclair, NJ

Trotz sorgfältiger Recherche war es nicht in allen Fällen möglich, die Rechteinhaber zu ermitteln. Berechtigte Ansprüche werden selbstverständlich im Rahmen der üblichen Vereinbarungen abgegolten.
We have made every effort to identify copyright holders. However, if we have failed to inform someone, we ask to contact the publisher.

Diese Publikation erscheint anlässlich der Ausstellung/
This catalogue is published to accompany the exhibition

**Linie und Skulptur im Dialog**
**Rodin, Giacometti, Modigliani ...**
Werke aus der Sammlung Kasser/Mochary Family Foundation, USA
**Line and Sculpture in Dialogue**
**Rodin, Giacometti, Modigliani ...**
Works from the Collection Kasser/Mochary Family Foundation, USA

in folgenden Ausstellungshäusern/
at the following venues:

Opelvillen, Rüsselsheim,
9.11.2011 bis Frühjahr/Spring 2012
www.opelvillen.de

Städtische Museen Freiburg/
Museum für Neue Kunst, 12.5. bis 16.9.2011 www.museen.freiburg.de

Jena, Städtische Museen/Kunstsammlung, 9.12.2012 bis 17.2.2013
www.kunstsammlung.jena.de

Herausgeberinnen/Editors:
Beate Kemfert mit Angela Gratzl

Konzeption des Katalogs und der Ausstellung sowie Essay/
Exhibition and catalogue concept, essay:
Beate Kemfert

Biografien/Biographies:
Kristine Dehn

Werkverzeichnis/List of works:
Angela Gratzl

Zitatrecherche/Quotation research:
Beate Kemfert, Diana Wiehn, Jutta Stocksiefen, Kristine Dehn, Isabel Herda, Christiane Grathwohl-Scheffel, Wiebke Hermes

Zitatrechte/Quotation copyright:
Jutta Stocksiefen, Kristine Dehn

Projektkoordination Lektorat/
Editorial project co-ordination:
Jutta Allekotte, Hirmer Verlag

Lektorat/Copy-editing:
Katrin Boskamp-Priever, Hepstedt

Übersetzung/Translation:
Josephine Cordero Sapien, Newton Abbot

Lektorat Englisch/Copy-editing English:
Michael Scuffil, Köln/Cologne

Übersetzung der Zitate/
Translation of the quotations:
Katrin Boskamp-Priever
Ingrid Hacker-Klier
Birgit Lamerz-Beckschäfer
Michael Scuffil
David Wharry

Gestaltung, Satz und Herstellung/
Graphic design, typesetting and production:
Katja Durchholz, Hirmer Verlag

Lithografie/Lithography:
Repromayer Medienproduktion, Reutlingen

Papier/Paper: BVS matt, 150 g

Druck und Bindung/Printed and bound by: Firmengruppe Appl, Sellier Druck GmbH, Freising

Die deutsche Nationalbibliothek verzeichnet diese Publikation in der Deutschen Nationalbibliografie; detaillierte bibliografische Angaben sind im Internet über http://dnb.d-nb.de abrufbar
The Deutsche Nationalbibliothek holds a record of this publication in the Deutsche Nationalbibliografie; detailed bibliographical data can be found at http://dnb.d-nb.de

Umschlagabbildung/
Cover reproduction:
Ricardo Ulloa Garay, Espacio del Domingo, 1989 (Abb./fig. 42)



Printed in Germany

ISBN 978-3-7774-4121-4 (deutsch)
ISBN 978-3-7774-4371-3 (englisch)
www.hirmerverlag.de
www.hirmerpublishers.com
www.hirmerpublishers.co.uk